Märchenreich

und

Sara Holmes
Das Geheimnis des verschwundenen Bildes

Zwei Theaterstücke für Kinder und Jugendliche

von
Hans-Jürgen Soll

Bibliografische Information der Deutschen Nationalbibliothek:

Die Deutsche Nationalbibliothek verzeichnet diese Publikation in der Deutschen Nationalbibliografie; detaillierte bibliografische Daten sind im Internet über http://dnb.dnb.de abrufbar.

© 2016 Hans-Jürgen Soll

Herstellung und Verlag: BoD – Books on Demand, Norderstedt

ISBN: 978-3-7412-3875-8

Inhaltsverzeichnis

Vorwort   5

Märchenreich   7
  Spieler   8
  1. Bild (Cinderellas Zimmer)   9
  2. Bild (Im Hexenwald)   14
  3. Bild (Tunnelausgang)   25
  4. Bild (Wald des Genoms)   27
  5. Bild (Am Burgtor)   33
  6. Bild (Thronsaal)   37
  7. Bild (Im Wald)   44
  8. Bild (Lichtung der Elfen)   47
  9. Bild (Im Wald bei der Spinne)   59
  10. Bild (Lichtung mit Felsen)   65
  11. Bild (Rinderhandels Zimmer)   68
  12. Bild (Schlussbild)   70

Sara Holmes   71
Das Geheimnis des verschwundenen Bildes
  Spieler   72
  Szene 1   73
  Szene 2   76
  Szene 3   89
  Szene 4   92
  Szene 5   97
  Szene 6   100
  Szene 7   104
  Szene 8   109
  Szene 9   117
  Szene 10   121
  Szene 11   126
  Szene 12   131
  Szene 13   139

Wäre das Leben doch nur wie ein Theaterstück –
das hat immer ein Happy End

Vorwort

Das Spielhaus führt alljährlich im Rahmen eines Wettbewerbes ein kurzes Theaterstück auf. Es sollte aber einmal ein ganz neues Stück werden, ohne dass Lizenzgebühren anfielen. Ein weiteres Problem stellt stets das sehr unterschiedliche Alter der Kinder dar; es reicht von 3 bis 16 Jahren. Vor diesem Hintergrund entstanden diese beiden Stücke.

Märchenreich

Cinderella gerät mit ihrem Bruder in einen Streit, weil er sich nur mit Märchen beschäftigt. Abends schläft sie traurig darüber ein. Als sie wieder aufwacht, befindet sie sich alleine im Märchenwald und wird von einer bösen Hexe verzaubert. Um den Zauber rückgängig zu machen, muss sie zum Zauberer Merlin. Dabei trifft sie auf sieben Zwerge, die ihr helfen; insbesondere Diggi, der sie weiter begleitet. Mit Mühe entkommen sie der Falle eines Gnoms und gelangen zu Merlin, der den Zauber aufhebt.

Cinderella möchte nun unbedingt wieder nach Hause. Merlin erzählt ihr, dass ein geheimes Tor zu ihrer Welt existiert und gibt ihr Prinz Eisenherz als Beschützer mit auf den Weg. Auf dem Weg zum Tor müssen sie weitere Abenteuer gegen heimtückische Elfen und eine Riesenspinne bestehen. Schließlich gelangt Cinderella zum Tor und in ihre Welt zurück.

Sara Holmes -
Das Geheimnis des verschwundenen Bildes

Sara Holmes kommt als neue Schülerin ins Internat und wird dort von einigen Mitschülerinnen abgelehnt. Als sie einen vermeintlichen Handydiebstahl aufklärt, hat sie zwar neue Freunde, aber auch neue Probleme.

Beim Entrümpeln finden die Schüler ein Bild vom Internat, das sie aufhängen. Doch schon bald ist das Bild verschwunden und Sara versucht auch diesen mysteriösen Fall zu lösen. Doch bevor ihr das gelingt, muss sie im Internat noch einige soziale Probleme beheben.

Diese beiden Theaterstücke stehen unter einer Creative Commons Lizenz, d.h., sie können im Prinzip frei aufgeführt werden.

Kontakt für Material: hjsoll@web.de

Dieses Werk ist unter einem Creative Commons Attribution-NonCommercial-NoDerivs 3.0 Germany Lizenzvertrag lizenziert. Um die Lizenz anzusehen, gehen Sie bitte zu http://creativecommons.org/licenses/by-nc-nd/3.0/de/ oder schicken Sie einen Brief an Creative Commons, 171 Second Street, Suite 300, San Francisco, California 94105, USA.

Märchenreich

H.-J. Soll
2010

Dieses Werk ist unter einem Creative Commons Attribution-NonCommercial-NoDerivs 3.0
Germany Lizenzvertrag lizenziert. Um die Lizenz anzusehen, gehen Sie bitte zu
http://creativecommons.org/licenses/by-nc-nd/3.0/de/ oder schicken Sie einen Brief an
Creative Commons, 171 Second Street, Suite 300, San Francisco, California 94105, USA.

Spieler

- Cinderella
- Diggi
- Hexe
- Gnom
- Fee
- Fred
- Mutter
- Zwerg 1
- Zwerg 2
- Zwerg 3
- Zwerg 4
- Zwerg 5
- Zwerg 6
- Prinz Eisenherz
- Wächter
- Merlin
- Diener
- Elfe 1
- Elfe 2
- Elfe 3
- Schmetterling
- Spinne

Doppelbesetzungen sind möglich.

1. Bild (Rinderhandels Zimmer)

Musik spielt. Die Musik wird langsam leiser und verstummt. Der Vorhang geht auf. Cinderella steht vor ihrer Mutter im Zimmer.

Cinderella: „Mama, Fred nervt mich total."

Mutter: "Das ist bei Geschwistern in eurem Alter ganz normal. Da gibt es ganz unterschiedliche Interessen und manchmal Meinungsverschiedenheiten. Und wenn dann jeder nur seine Sache will, dann kann das schon sehr nervig sein. Ich empfinde dich auch manchmal als etwas nervig."

Cinderella: „Vielleicht bin ich *manchmal* etwas nervig. Aber ich habe bestimmt keinen so an der Klatsche wie Fred. Der lebt ja nur noch in seiner Märchenwelt. Er kann ja gar nicht mehr zwischen Fantasie und Wirklichkeit unterscheiden. Ganz besonders doof finde ich, dass er mich immer Prinzesschen nennt."

Mutter: „Aber du bist doch unser Prinzess...."

Cinderella: „Nun fang´ du doch nicht auch noch damit an. Und vor ein paar Tagen kam Fred doch tatsächlich mit einem Holzschwert auf mich zugelaufen und rief, er habe den Drachen getötet und wolle mich befreien. Und dann wollte er als Belohnung auch noch einen Kuss von mir!"

Mutter: „Ach Cinderella, solange du nicht der Drache bist und er auf dich einprügelt,

	dann lass ihn doch. Ist es nicht schön, wenn dein Bruder dich mag?"
Cinderella:	„... und immer schleppt er sein Märchenbuch mit sich herum."
Mutter:	„... und überhaupt sind alle Jungs doof, ich weiß. So, jetzt gehe ich in die Küche und koche das Mittagessen für mein Prinzesschen und meine tapferen Ritter."
Cinderella *(laut)*:	„Keiner versteht mich, ihr seid alle gegen mich!"

Cinderella tritt heftig mit dem Fuß auf. Fred springt ihr entgegen.

Fred:	„Ha, ich bin der böse Wolf. Was machst du in meinem Wald? Eigentlich siehst du ganz süß und soooo lecker aus. Vielleicht habe ich dich zum Fressen gern."
Cinderella:	„Ach Fred, lass doch den Quatsch. Du hast mich unheimlich erschreckt, das war fies von dir."

Fred holt einen Schuh hervor.

Fred:	„Na gut, dann lieber anders: Mein geliebtes Aschenputtel hier ist der Schuh von der Frau, die ich heiraten möchte. Ziehe ihn an, so dass ich sehen kann, dass du es wirklich bist. Dann werde ich dich ehelichen und du wirst Königin über all dieses hier."

Fred macht eine ausschweifende Geste. Danach kniet er nieder und hält den Schuh vor Rinderhandels Fuß.

Fred: „Bitte, es fehlt nur noch der allerletzte Beweis."

Cinderella: „Bist du jetzt völlig durchgeknallt?"

Cinderella tritt den Schuh weg.

Cinderella: „Lass doch den Mist. Du und deine Märchen. Komm zurück in die normale Welt. Warum hast du denn keine Freunde und warum wirst du in der Schule gemobbt? Ich kann das schon gar nicht mit ansehen. Es tut mir in der Seele weh, wenn ich sehe, wie du dein Leben durch diese blöden Märchen kaputt machst."

Fred: „Du scheinst doch eine von den bösen Schwestern zu sein...."

Cinderella: „Wer hat nur diese Märchen geschrieben? Schuld ist nur dieses Buch!"

Cinderella ergreift die eine Hälfte des Buches und will es Fred entwenden.

Cinderella: „Gib mir dieses blöde Buch, ich werde es verbrennen."

Fred: „Lass es los, lass es los!"

Cinderella: „Nein!"

Das Buch zerreißt, Cinderella lässt vor Schreck ihre Hälfte fallen.

Cinderella: „Nein!"

Fred: „Du hast mein Buch zerrissen."

Fred weint.

Cinderella: „Es tut mir leid, ich habe das nicht gewollt. Oh Fred, es tut mir so leid."

Cinderella will Fred umarmen aber Fred weicht aus.

Fred: „Geh weg!"

Cinderella: „Ich habe es doch wirklich nicht gewollt. Ich hätte auch das Buch nicht verbrannt, ich war einfach nur genervt."

Fred: „Hau ab!"

Fred sammelt die andere Hälfte des Buches ein und schaut beide Hälften entgeistert an.

Fred: „Ich verfluche dich!"

Fred dreht sich um und geht. Der Vorhang geht zu.

Der Vorhang geht auf. Cinderella liegt im Bett und die Mutter sitzt auf der Bettkante.

Cinderella: „Ich habe es wirklich nicht gewollt, aber ich habe Fred so verletzt. Er wird es mir nie verzeihen."

Mutter: „Fred wird dir schon eines Tages vergeben. Er war sicher nur sehr wütend und traurig."

Cinderella: „Ich habe ihn bestimmt zutiefst getroffen."

Mutter: „Cinderella, schlafe jetzt. Denk an etwas anderes. Morgen sieht alles wieder ganz anders aus"

Cinderella: „Gute Nacht."

Mutter: „Gute Nacht, mein Liebes."

Die Mutter küsst Cinderella auf die Stirn und geht.

Cinderella: „Ach, wenn das alles so einfach wäre. Hoffentlich habe ich nicht auch noch seine Welt zerstört. Flüche sind doch nur Aberglaube, da passiert in Wirklichkeit doch nichts?"

Cinderella schläft ein. Das Licht verdunkelt sich.

2. Bild (Im Hexenwald)

Das Licht geht langsam wieder an, Cinderella steht alleine im Wald.

Cinderella: „Wo bin ich? Wie bin ich hierher gekommen? Ich bin scheinbar im Wald, in irgendeinem Wald. Diesen Wald kenne ich aber nicht, hier war ich doch noch nie... – Ist hier jemand? Hallo, ist hier denn keiner?"

Ein Hase läuft durch das Gebüsch und Cinderella erschreckt sich.

Cinderella: „Ahhh, Hilfe! Hier ist es ja voll gruselig. Hilfe, Hilfe, holt mich hier raus! Hilfe, Hilfeee...!"

Eine Hexe kommt herbeigeeilt.

Hexe: „Wer hat hier um Hilfe gerufen?"

Cinderella: „Ii...ich."

Hexe: „Wer bist du und was machst du überhaupt in **meinem** Wald?"

Cinderella: „Ich heiße Cinderella und ich weiß auch nicht, was ich hier mache. Ich wollte sagen, ich weiß gar nicht, wie ich überhaupt hierher gekommen bin. Ich lag eben noch in meinem Bett. *(Pause)* Ist das hier wirklich dein Wald?"

Hexe: „Natürlich ist dies mein Wald, das weiß hier jeder. Und ich dulde hier keine Fremden!"

Cinderella: „Ja, wenn dies hier dein Wald ist, dann kannst du mir bestimmt sagen, wo ich bin und wie ich wieder nach Hause komme."

Hexe: „Das ist mein Wald, also der Wald der gemeinen Hexe. *(Pause)* Mir kommt das mit dir aber alles sehr verdächtig vor. Ich glaube, ich werde dich einem Verhör unterziehen - wuset prisonee!"

Cinderella kann sich nicht bewegen.

Cinderella: „Was ist mit mir los? Ich kann meine Arme und Beine nicht mehr bewegen. Was haben Sie getan?"

Hexe: „Du kennst scheinbar keine schwarze Magie, sehr gut. Oder tust du etwa nur so? Willst du mich vielleicht reinlegen?"

Cinderella: „Nein, ganz und gar nicht! Ich will doch nur wieder nach Hause. Weiter will ich überhaupt nichts."

Hexe: „Hast du dich verlaufen? Woher kommst du?"

Cinderella: „Ich komme aus Neustadt. Und ich habe mich eigentlich nicht verlaufen. Ich weiß auch nicht, wie ich hierher komme. Alles, woran ich mich erinnern kann, ist, dass ich mich mit meinem Bruder gestritten

	habe, dass ich danach bei meiner Mutter war und ich mich dann ins Bett gelegt habe. Und plötzlich war ich hier."
Hexe:	„Das sieht mir aber verdammt nach Zauberei aus. Hast **du** gezaubert oder war es jemand anderes? Wer will hinter mein Geheimnis kommen?"
Cinderella:	„Ich weiß nichts. Bitte lassen Sie mich zurück nach Hause und bitte lassen sie mich wieder frei. Bitte, bitte!"
Hexe:	„Dein Wunsch sei mir Befehl: Ich werde den Fesselungszauber zurücknehmen und ich werde dich nach Hause lassen. Allerdings werde ich dafür sorgen, dass du mit niemanden über mich und meinen Wald sprechen wirst - Reverbus wuset prisonee. So jetzt bist du frei."

Cinderella bewegt Arme und Beine.

Hexe:	„Und damit du nicht redest, werde ich dich in ein Tier verwandeln, vielleicht in eine Krähe?"
Cinderella:	„Nein, das können Sie doch nicht machen."
Hexe:	„Nein, eine Krähe kann im Flug vieles ausspionieren. Vielleicht …. Ich hab's, ich verwandle dich in einen Frosch."
Cinderella:	„**Nein**, Sie sind eine ganz fiese Hexe!"

Hexe: „Hexen sind doch immer gemein und hinterhältig, wusstest du das nicht? Ach, wie naiv du doch bist. Es tut mir schon fast leid. Trotzdem: Exchangibus Krö....."

Eine Fee springt aus dem Gebüsch.

Hexe: „... huch!"

Fee: „**Halt**! Wehe, du verzauberst dieses unschuldige Mädchen, wehe!"

Hexe: „Zu spät. *(Pause)* Aber sie ist ja gar kein Frosch? Dann ist der Zauber wohl fehlgeschlagen. Aber ich kann es ja noch einmal versuchen."

Fee: „**Wehe!**"

Hexe: „Du drohst mir? Du weißt doch, dass mein Zauber stärker ist als deiner. Also verschwinde!"

Fee: „Wenn du nicht vernünftig wirst, dann erzähle ich dein Geheimnis überall herum. Außer dir kenne nur ich es. **Noch** kenne nur ich es . Also ...."

Hexe: „Na gut, vergiss es."

Cinderella: „Ah, Gott sei Dank del Zaubel hat nicht funktioniert. Schlecklich, wenn ich ein kleinel glünel Flosch gewolden wäle. *(Pause)* Halt, was ist das denn? Ich kann kein l mehl splechen; immel wild aus dem l ein l. Es geht einfach nicht."

Hexe: „Ganz lustig. Das kommt bestimmt von dem kaputten Zauberspruch. Na, tröste dich, wenigstens bist du kein Frosch."

Cinderella: „Das kannst du doch nicht mit mil machen! Mach den Zaubel lückgängig, bitte. **Bitte!**"

Fee: „Ja, heb' den Zauber wieder auf."

Hexe: „Das kann ich nicht."

Fee: „Denk an dein Geheimnis."

Hexe: „Das nützt dir hierbei auch nichts. Um einen Zauber rückgängig zu machen, muss ich ‚reverbibus' sagen und dann ganz genau den Original-Zauberspruch. Und den Original-Zauberspruch kenne ich ja nicht, weil du mich erschreckt hast. Ja, du bist Schuld! Wärst du nicht so plötzlich auf mich zugesprungen, so wäre es ein ordentlicher Zauberspruch geworden und den hätte ich jederzeit rückgängig machen können. Aber du musstest mich ja unbedingt erschrecken. *(Pause)* Aber mir reicht's, ich verschwinde. Seht zu, wie ihr zurecht kommt."

Die Hexe geht, dreht sich aber noch einmal um und ruft Cinderella zu:

Hexe: „Wil wünschen dil noch einen elfolgleichen Tag!"

Cinderella weint.

Cinderella: „Kannst du den Zaubel nicht wiedel lückgängig machen? Ich kann doch nicht immell nul so blöd leden."

Fee: „Ach Cinderella, ich würde dir ja so gerne helfen, aber der Zauber der Hexe ist so viel stärker als meiner. Deine einzige Chance ist es jemanden zu finden, dessen Zauber noch stärker ist."

Cinderella schluchzt.

Cinderella: „Wo soll ich denn so jemanden finden? Ich weiß ja noch nicht einmal, wo ich bin."

Fee: „Es soll einen überaus mächtigen Zauberer geben, sein Name ist Merlin und sein Reich liegt hinter dem Felsmassiv. Siehst du die Felsen dort am Horizont? Ich selber habe ihn noch nie gesehen, aber ich habe schon viel von ihm gehört. Er soll gutherzig und hilfsbereit sein, er wird die sicher helfen."

Cinderella: „Das ist meine einzige Hoffnung."

Fee: „Gehe zu ihm, auch wenn der Weg weit und gefährlich ist."

Cinderella: „Kannst du mich begleiten?"

Fee: „Nein, leider nicht. Ich muss in der Nähe meines Reiches bleiben."

Cinderella: „Schade. *(Pause)* Eine Flage habe ich abel noch: Was ist das Geheimnis del Hexe?"

Fee: „Ich weiß es nicht."

Cinderella: „Abel du hast doch del Hexe gesagt, dass du ihl Geheimnis kennst."

Fee: „Das habe ich gesagt und die Hexe glaubt, dass ich es kenne. Aber in Wirklichkeit weiß ich nicht, was ihr Geheimnis ist. *(Pause)* Ich wünsche dir viel Glück."

Cinderella geht durch den Wald. Es gibt unheimliche Geräusche.

Cinderella: „Es ist alles so unheimlich. Ich habe Angst."

Etwas huscht über die Bühne.

Cinderella: „Äh .... Vielleicht sollte ich doch nicht alleine dulch den Wald gehen? Abel ich muss doch nach Hause!"

Leise hört man Zwerge ein Lied singen.

Cinderella:	„Was ist das? Ich glaube, ich höle Gesang. Was hat Gloßmuttel immel gesagt: Wo man singt, da lass dich luhig niedel: böse Leute haben keine Liedel. *(Pause)* Ich gehe da hin."

Cinderella geht weiter und trifft sieben Zwerge. Einer der Zwerge, Diggi, hat einen Irokesen Haarschnitt und Punker Kleidung.

Zwerg 1:	„Stop! Holla, wen haben wir denn da?"
Zwerg 3:	„Halt!"
Diggi:	„Eh, was ist denn das für ein heißer Ofen? *(Pause)* Hallo, ich bin Diggi."
Cinderella:	„Hallo, ich heiße Cindel... äh, Cindi."
Zwerg 2:	„Und was machst du hier so ganz alleine im Wald?"
Cinderella:	„Ich muss unbedingt zum Zaubellel Mellin."
Zwerg 3:	„Wer ist Zaubellel Mellin?"
Cinderella:	„Na, ein Zaubellel. *(weint)* Ich kann doch kein l splechen. Immel wenn ich ein l sagen will, dann wild es ein l. Es ist einfach fülchtellich."
Diggi:	„Ich finde, das klingt einfach süß, Cindi mein Stern."
Cinderella:	„Hast du eigentlich immel nul solche blöden Splüche dlauf?"

Diggi: „Findest du mich denn nicht cool?"

Cinderella: „Ich finde, du bist ein eingebildetel Spinnel."

Diggi: „Schade."

Zwerg 4: „Ja, du willst zum Zauberer Merlin, oder?"

Zwerg 5: „Da hast du noch einen sehr weiten Weg vor dir. Sein Reich liegt hinter den Felsen dort."

Cinderella: *(schluchzt)* „Ich weiß."

Diggi: „Und warum willst du zu Merlin?"

Cinderella: „Eine Hexe hat mich velzaubelt und nun möchte ich Mellin bitten, dass el mil hilft, damit ich wiedel nolmal splechen kann."

Diggi: „Ich finde Cindi so süß."

Zwerg 1: „Diggi, hallo! Komm von deiner rosa Wolke auf den Boden zurück."

Cinderella: *(zu Diggi)* „Du kannst mich mal ...."

Diggi schluchzt.

Cinderella: „Außeldem muss ich unbedingt zulück nach Hause."

Zwerg 2: „Wo ist denn dein Zuhause?"

Cinderella: „Ich komme aus Neustadt und ich weiß übelhaupt nicht, wie ich in diesen komischen Wald gekommen bin. Ich stand plötzlich einfach da."

Zwerg 2: „Von Neustadt habe ich noch nie etwas gehört."

Zwerg 3: „Nein, ich auch nicht."

Zwerg 1: „Du solltest unbedingt zu Merlin gehen."

Zwerg 3: „Ja, zu Merlin."

Cinderella: „Das will ich ja auch, abel dazu muss ich übel die Felsen und ich weiß nicht, wie man dolt hinüberkommt."

Zwerg 1: „Dieses Felsmassiv ist hoch und schroff. Ich glaube nicht, dass du sie überqueren kannst."

Zwerg 3: „Nein, das kann man wohl kaum schaffen."

Cinderella: (schluchzt) „Dann komme ich nie zu Mellin."

Diggi: „Cindi, sei nicht traurig. Man kann die Felsen zwar nicht überqueren, aber man kann sie unterqueren."

Zwerg 4: „Das ist wahr. Es gibt eine Tunnelverbindung zu der anderen Seite. Dann braucht man nur noch dem Tal folgen und gelangt direkt zu Merlins Burg."

Zwerg 3: „Aber es ähnelt eher einem Tunnellabyrinth"

Cinderella:	„Und wie kann ich dulch die Tunnel finden?"
Zwerg 5:	„Wir begleiten dich natürlich."
Diggi:	„Nichts, was ich lieber täte."
Zwerg 6:	„Wir haben die Tunnel selber in den Berg gegraben. Wir bauen dort Edelsteine ab."
Diggi:	„Aber deine Augen glänzen viel stärker als diese ollen Steine"
Cinderella:	„Seid ihl etwa die sieben Zwelge?"
Zwerg 6:	„Ja, wir sind sieben Zwerge. Hast du etwa schon von uns gehört?"
Cinderella:	„Mag sein. Ich habe etwas von sieben Zwelgen gelesen, abel ich bin mil nicht sichel, ob ihl das seid. - Diggi ist ein komischel Name fül einen Zwelg."
Diggi:	*(verlegen)* „Ich heiße eigentlich Diertbert Ignatius, aber ich finde dass der Name Diggi viel besser zu mir passt."
Zwerg 2:	„Lasst uns aufbrechen!"
Zwerg 3:	„Ja, gehen wir."
Diggi:	„Cindi, darf ich neben dir gehen?"
Cinderella:	„Wenn es denn sein muss."

Alle gehen, Diggi neben Cinderella. Vorhang zu.

3. Bild (Tunnelausgang)

Vorhang auf. Die Zwerge und Cinderella stehen vor einem Tunnelausgang.

Zwerg 1: „So, da sind wir. Du brauchst jetzt nur noch diesem Tal zu folgen."

Cinderella: „Ich möchte euch allen noch einmal lecht helzlich danken. Und ich bewundele immel noch, wie ihl dulch das Tunnellabylinth gefunden habt."

Zwerg 2: „Das war doch ganz einfach."

Zwerg 3: „Ja, ganz einfach."

Zwerg 1: „Wir müssen jetzt zurück an unsere Arbeit. Du kannst den Weg nicht verfehlen."

Cinderella: „Noch einmal vielen Dank! Ich welde euch velmissen."

Zwerg 3: „Vermissen?"

Die Zwerge (außer Diggi) drehen sich um und wollen zurück in den Tunnel.

Diggi: „Ach Schokoladenpudding! Ich haue in den Sack, ich kündige. *(Pause)* Cindi, ich werde dich begleiten."

Zwerg 1: „Diggi, das kannst du doch nicht machen, wir brauchen dich."

Diggi: „Doch, yes I can. Mein Entschluss ist felsenfest."

Zwerg 1: „Na gut, ich sehe, dass dich nichts aufhalten kann. Aber komme bitte bald zurück."

Diggi: „Okidoki."

Die übrigen Zwerge gehen ihr Lied singend in den Tunnel zurück. Diggi nimmt Cinderella an die Hand.

Diggi: „Komm Cindi, ab zu Merlin!"

Cinderella: „Ja."

Beide verlassen die Bühne. Vorhang zu.

4. Bild (Wald des Genoms)

Vorhang auf. Cinderella und Diggi kreuzen zweimal die Bühne von links nach rechts. Danach kommen beide von links und bleiben in der Mitte der Bühne stehen.

Diggi: „Sind wie hier nicht schon gewesen?"

Cinderella: „Ich weiß nicht, kann mich an diese Lichtung nicht elinneln."

Diggi: „Ich werde die Sicherung einmal markieren."

Diggi bricht zwei Zweige ab und legt diese als Kreuz in die Lichtung.

Diggi: „Komm Cindi, gehen wir weiter."

Beide gehen nach rechts und kommen von links wieder zur Lichtung.

Cinderella: „Da ist ja deine Malkielung."

Diggi: „Das habe ich mir gedacht."

Cinderella: „Dann sind wil wilklich im Kleis gelaufen."

Diggi: „Kann sein, aber ich glaube es irgendwie nicht. Meiner Meinung nach sind wir relativ genau geradeaus gegangen."

Cinderella: „Das kann abel nicht sein denn wil sind wiedel auf diesel Lichtung."

Diggi: „Wir werden es überprüfen. Cindi, komm stell dich mit mir Rücken an Rücken."

Beide machen dieses.

Diggi: „So, jetzt gehe immer geradeaus."

Nach kurzer Zeit kommen beide jeweils von der entgegen gerichteten Seite zur Lichtung.

Diggi: „Ich habe es mir doch gedacht; wir kommen nicht von hier weg!"

Cinderella: „Das kann nicht sein. Ich will hiel weg!"

Diggi: „Vergiss es."

Cinderella: „Nie!"

Cinderella rennt davon und kommt kurz danach von der anderen Seite wieder.

Diggi: „Hallo."

Cinderella: „Nein!"

Diggi: „Doch!"

Cinderella: *(wütend)* „Kannst du nicht einmal elnst sein?"

Diggi: „Warum sollte ich? Also im Ernst: wir kommen hier so einfach nicht weg. Das gilt vermutlich auch für andere. Ist die aufgefallen, dass es hier in der Gegend offenbar keine Tiere gibt? Vermutlich kommen die auch nicht weg."

Cinderella: „Und was willst du jetzt machen?"

Diggi: „Erst einmal abwarten."

Cinderella: „Walten, bis wil stelben? Du spinnst doch!"

Diggi: „Ja, ich spinne interessante Gedanken: Alle Tiere, die hier nicht wegkommen müssen irgendwann hier auch sterben. Also, siehst du hier jede Menge Leichen und Skelette? Nein, nur diese zwei dort."

Cinderella: "Iihh!"

Diggi: „Also muss entweder jemand die gefangenen Tiere freilassen oder die toten entfernen. Egal, was von beidem, derjenige muss hier vorbeikommen. Auf jeden Fall scheint dies hier eine Falle zu sein und wir sitzen drin."

Cinderella weint.

Diggi: „Da wir sowieso nicht entkommen können, warten wir sozusagen wie die Maus in der Fall ... äh, wie die Mäuse."

Ein Gnom nähert sich der Lichtung.

Gnom: „Oh, da scheint heute ja etwas größeres in die Falle gegangen zu sein."

Cinderella schluchzt.

Gnom: „Und dieses Mal sogar etwas besonders süßes."

Cinderella: „Lassen sie uns hiel weggehen, bitte."

Gnom: „Nie und nimmer. Wo ich endlich das gefangen habe, worauf ich schon so viele Jahre gewartet habe."

Cinderella: „Was wollen sie denn? Vielleicht können wil es ihnen geben und sie lassen uns dann gehen, ja?"

Gnom: „Ich brauche eure Jugend und ich werde sie mir auf jeden Fall nehmen. Keine Angst es tut auch kaum weh. Nur wenn ich eure Jugend bekomme, kann ich weitere hundert Jahre leben; sonst muss ich bald sterben."

Cinderella „Und was geschieht mit uns, wenn sie uns die Jugend nehmen?"

Gnom: „Ihr werden dann natürlich entsprechend älter *(lacht)*."

Diggi: „Wir wollen ganz klar nicht, dass du 'nen Abgang machst; also helfen wir dir. Ei-

	nes muss ich dir noch sagen: die Falle ist echt super, einfach genial! Wie funktioniert diese eigentlich?"
Cinderella:	„Diggi, wie kannst du ...."
Diggi:	„Lass mich .... Was wahr ist, das ist wahr!"
Gnom:	„Endlich einmal jemand, der das zu würdigen weiß! Ich habe hier in der Lichtung einen Zauberstein vergraben und dieser Zauberstein verkrümmt den Raum: Geraden werden zu Kreisen."
Diggi:	„So etwas ähnliches habe ich mir auch schon gedacht. Aber ist diese Falle auch sicher? Ich meine, wenn zum Beispiel jemand den Zauberstein ausgräbt und wegwirft?"
Gnom:	„Wenn jemand den Zauberstein wegwerfen will, dann fliegt er nur einen winzigen Kreis und landet genau wieder hier auf dem Boden."
Diggi:	„Eh, du bist wirklich ein Freak. Ich frage mich nur, wie kannst du denn hier geradeaus gehen?"
Gnom:	„Das ist ein Geheimnis."
Diggi:	„Du kannst es mir ruhig verraten. Ich schwöre hiermit auch feierlich, dass ich es nicht weitersagen werde und du weißt sicherlich, dass Zwerge einen Schwur nicht brechen können. Außerdem, was nützen dir deine Geheimnisse, wenn dadurch niemand deine wahre Größe bewundern kann?"

Gnom: „Na gut, ich verrate es dir ausnahmsweise, aber nur dir: ich gehe in Wirklichkeit ganz kleine Linkskreise. Aufgrund der Raumkrümmung wird daraus dann ein gerader Weg."

Diggi: „Das ist eigentlich ganz logisch. Man muss schon ein Genie sein, um darauf zu kommen; leider bin ich es nicht."

Diggi ergreift Rinderhandels Hand.

Diggi: „Los Cindi, folge mir und lauf kleine Linkskreise!"

Diggi und Cinderella laufen nach rechts von der Bühne. Der Gnom schlurft langsamer hinterher.

Gnom: „Verräter, du hast mich reingelegt!"

Diggi dreht sich noch einmal um.

Diggi: „Tschüss, du alter Sack! Und außerdem werde ich allen schreiben, wie deine Falle funktioniert. Schreiben, nicht weitersagen!"

Cinderella: „Sie sind ein Monstel. Diggi, dem hast du es abel gezeigt."

Beide lachen. Vorhang zu.

5. Bild (Am Burgtor)

Vorhang auf. Ein Wächter steht vor Merlins Burgtor. Cinderella und Diggi kommen.

Wächter: „Halt, was wollt ihr hier?"

Cinderella: „Wil möchten gelne zum Zaubellel Mellin."

Wächter: „Einen Zaubellel Mellin gibt es hier nicht. Geht wieder."

Diggi: „Entschuldigung, Cindi hat einen Sprachfehler, sie meint den Zauberer Merlin. Den gibt's doch hier?"

Wächter: „Ja, Herr Merlin wohnt hier. Aber er empfängt keinen Besuch."

Cinderella: „Es ist abel äußelst wichtig. Wohel wollen sie wissen, dass el mich nicht empfängt? Sie haben ihn doch übelhaupt nicht geflagt."

Wächter: „Äh, was hat sie gesagt?"

Diggi: *(betont die ‚R's besonders)* „Cindi meint, dass es äußerst wichtig ist und du ihn überhaupt nicht gefragt hast."

Wächter: „Ich brauche Herrn Merlin nicht zu fragen. Hier entscheide ich, wer vertrauenswürdig aussieht und wer nicht. Und ihr beiden komische Gestalten scheint mir ganz und gar nicht vertrauenswürdig. Verschwindet, bevor ich die anderen Wachen rufe."

Cinderella: „Ach bitte, bitte! Es ist sehl wichtig. Del Zaubellel muss mil unbedingt helfen *(Cindi weint).*"

Wächter: „So kannst du mich nicht erweichen; spare dir deine Mühen. Verschwindet endlich!"

Diggi: „Herr Wächter, ich möchte ihnen einen Handel vorschlagen *(holt einen Edelstein aus der Tasche)*: ich schenke Ihnen diesen schönen Edelstein, wenn sie einen kleinen Augenblick Ihren Posten verlassen. Müssen sie nicht zufällig pin...., äh, Wasser lassen gehen?"

Wächter: „Zeig her *(nimmt den Stein).* Wirklich ein sehr schöner Stein. *(Pause)* Wo hast du Schuft ihn gestohlen? Ich behalte ihn vorsorglich. Und nun verschwindet endlich, ich rufe gleich die Wachen."

Diggi: „Cindi, komm lass uns gehen. Es hat keinen Zweck."

Cinderella: „Nein, ich muss zu Mellin!"

Diggi: *(Zieht Cinderella am Arm)* „Es hat so wirklich keinen Sinn. Wir werden einen anderen Weg finden."

Beide gehen ein Stück.

Diggi: „Der Wächter wird uns nicht durchlassen. Es hat bisher alles nichts genützt. *(Pause)* Wir können es höchstens mit einem Trick versuchen. Ich lenke den

	Wächter ab und du schlüpft an ihm vorbei."
Cinderella:	„Und du glaubst wilklich, dass das funktionielt?"
Diggi:	„Ich denke schon. Cindi, pass auf: wir gehen jetzt beide zum Wächter zurück. Ich lenke ihn dann nach links ab und du läufst rechts an ihm vorbei. Achte dabei nur auf den Wächter und nicht auf mich. Wir treffen uns dann später wieder."
Cinderella:	„Sei abel bitte volsichtig."

Beide gehen auf den Wächter zu.

Diggi:	„Entschuldigung Herr Wächter, aber ich möchte Ihnen ein neues Angebot unterbreiten und diesem Angebot können sie mit Sicherheit nicht widerstehen."
Wächter:	„Und was hast du dieses Mal anzubieten?"
Diggi:	„Wie wäre es mit einem Goldklumpen?"
Wächter:	„Zeig her und gib ihn mir, damit ich prüfen kann, ob er echt ist."
Diggi:	„Dir Verbrecher gebe doch gar nichts mehr. Jawohl, du bist ein ganz fieser Verbrecher. Du hast mir den Edelstein geklaut. Du bist echt ätzend ...."
Wächter:	„Na warte, dir werd´ ich´s zeigen. Mich so zu beschimpfen!"

Der Wächter geht auf Diggi zu, aber Diggi weicht zurück.

Diggi: „Du alter Fettsack erwischt mich doch eh nicht!"

Wächter: „Du Flegel, dich werd´ ich Manieren lehren!"

Diggi läuft langsam weg und der Wächter hinterher. Cinderella läuft zum Burgtor.

Cinderella: „Diggi, pass auf dich auf!"

Diggi: (*aus der Ferne*) „Aua!"

Vorhang zu.

6. Bild (Thronsaal)

Vorhang auf. Merlin sitzt in seinem Audienzsaal auf einer Art Thron. Cinderella wird von einem Diener hereingeführt.

Diener: „Guten Tag, Herr Merlin. Diese junge Dame hat sich hier eingeschlichen."

Merlin: „Schon gut. Hallo Cinderella, ich habe dich schon erwartet,"

Cinderella: *(erstaunt)* „Wohel kennen sie meinen Namen?"

Merlin hält eine Kristallkugel hoch.

Merlin: „Ach Cinderella, ein Zauberer weiß vieles. Dein Freund Diggi wird auch gleich hier sein."

Cinderella: „Diggi ist nicht mein Fleund! *(Pause)* Hat Diggi sich auch am Wächtel volbei geschlichen?"

Merlin: „So würde ich es nicht gerade nennen ...."

Diggi wird von zwei Wächtern hereingeführt.

Diggi: „Nun lasst mich endlich los. Merlin, pfeif' deine Hunde zurück! Finger weg!"

Wächter:	„Okay, okay. *(lässt Diggi los)* Und hier haben sie ihren Edelstein zurück."
Cinderella:	„Diggi, haben sie dich elwischt?"
Diggi:	„Das siehst du doch. Das war aber auch ein ganz unfairer Trick gewesen. Ein zweiter Wächter hatte sich im Gebüsch versteckt ...."
Merlin:	„Schon gut. Nun seid ihr beide ja endlich da. Ich habe schon auf euch gewartet. Herzlich willkommen in meiner Burg. Ihr seid selbstverständlich meine Gäste."
Diggi:	„Erwartet? Wir sind deine Gäste? Ja, warum haben sie uns dann nicht einfach hinein gelassen?"
Merlin:	„Auf diese Art und Weise prüfe ich, ob Besucher etwas wirklich wichtiges auf dem Herzen haben. Nur dann setzten sie alles daran, um hinein zu kommen und finden dann auch einen Weg. Wer keine entsprechende Not hat, der lässt sich schnell entmutigen und geht wieder weg. Wenn ich jeden hinein lassen würde, dann kämen bestimmt tausende jeden Tag. Deshalb diese Prüfung."
Diggi:	„Wirklich sehr schlau."
Cinderella:	„Ja, sie haben Lecht, ich habe zwei wilklich wichtige Glünde odel bessel gesagt Wünsche. Ich möchte so gelne wiedel nolmal splechen können."
Merlin:	„Reverbibus mirakulum Hexis."
Cinderella:	„Ist das alles?"

Merlin:	„Ja, so einfach kann Zauberei sein."
Diggi:	„Cindi, kannst du jetzt wieder ganz normal sprechen? Sag einmal: Drei Rüben rollen den Berg runter."
Cinderella:	„So ein Quatsch; Lüben lollen nie einen Belg luntel."
Diggi:	„Neinnnn! Es hat nicht funktioniert."
Merlin:	„Hä, ..."
Cinderella:	*(lacht)* „Aber nein, natürlich hat der Zauber funktioniert. Ich konnte nur nicht widerstehen, sonst machst du doch immer nur Quatsch, Diggi. *(Pause)* Merlin, vielen, vielen Dank. Dafür bekommst du auch einen Kuss."

Cinderella gibt Merlin einen Kuss auf die Wange.

Diggi:	„Und ich?"
Cinderella:	„Auch an dich vielen Dank. Aber einen Kuss gebe ich dir nicht!"
Merlin:	„Und was ist dein zweiter Wunsch?"
Cinderella:	„Ich möchte unbedingt nach Hause."
Merlin:	„Wo wohnst du denn?"
Cinderella:	„Ich komme aus Neustadt. Das ist ein kleiner Ort an der Elbe."

Merlin:	„Neustadt? Elbe? Ich kenne beides nicht. *(Pause)* Wie ist es denn bei euch? Habt ihr solche motorgetriebenen Wagen, wie heißen die noch? ... Automo, ... Automobile?"
Cinderella:	„Ja genau, Autos haben wir."
Merlin:	„Und habt ihr auch Automobile, die am Himmel fliegen"
Cinderella:	„Sie meinen Flugzeuge? Ja, natürlich gibt es die bei uns."
Merlin:	„Dann weiß ich, woher du kommst. Erschrecke bitte nicht, du kommst aus einer Parallelwelt, einer anderen Welt."
Cinderella:	„Egal woher, können Sie mich dahin zurückbringen?"
Merlin:	„Ich kann dich leider nicht zurückbringen. Mein Zauber ist auf diese Welt begrenzt."
Diggi:	„Aber Sie scheinen ja die andere Welt zu kennen, also gibt es irgendeine Verbindung!"
Merlin:	„Ja, ich bin zwei- oder dreimal dort gewesen. Es ist eine furchtbare Welt, alles ist dort so hektisch und alles dreht sich nur ums Geld. Die Menschen dort können doch einfach keine Freude haben. Außerdem zerstören sie gnadenlos die Natur, ihren Lebensraum. Und jedes Mal, wenn ich dort war, war alles viel schlimmer. Nein, ich möchte in unserer Welt bleiben. Willst du nicht auch lieber

	hier bleiben? Du könntest in meiner Burg wohnen."
Cinderella:	„Es tut mir Leid, aber ich muss zurück. Meine Eltern leben doch dort und die machen sich sicher schon große Sorgen um mich *(Cinderella weint)*. Ich vermisse sie so und auch all meine Freunde."
Diggi:	„Du hast doch mich, Cindi."
Cinderella:	„Ach Diggi, das ist doch ganz etwas anderes."
Diggi:	„Merlin, wenn Sie in der anderen Welt gewesen sind, dann kann es doch auch Cindi."
Merlin:	„Eigentlich ja, aber es ist sehr gefährlich."
Cinderella:	„Ich habe nichts zu verlieren."
Merlin:	„Nun gut. Es gibt ein geheimes Tor, durch das man die andere Welt erreicht. Aber das Tor ist weit entfernt und der Weg dahin gefährlich."
Cinderella:	„Ich werde gehen. Aber eine Frage habe ich noch: Wie bin ich eigentlich hierher gekommen?"
Merlin:	„Ich weiß es nicht. Wenn du durch das Tor aus der anderen Welt gekommen sein solltest, dann müsstest du irgendetwas davon wissen. Es kann sich auch nicht um einen Zauber handeln, denn mein Zauber dringt nicht in die andere Welt und meine Zauberkraft ist schon ziemlich stark. Möglich wäre auch ein

	Fluch ... Wahrscheinlich werden wir es nie erfahren."
Cinderella:	„Es ist ja auch eigentlich egal. Hauptsache, ich komme durch das Tor wieder nach Hause."
Merlin:	„Wenn du es schaffst, das Tor zu erreichen, dann wirst du auch nach Hause gelangen. Und ich möchte dir auch helfen, damit du das erreichst. Ich gebe dir einen tapferen und zuverlässigen Begleiter mit. Prinz Eisenherz, tritt bitte hervor."

Prinz Eisenherz tritt hervor.

Prinz:	„Mein Meister Merlin, ich freue mich, wenn ich Ihnen dienen kann."
Merlin:	„Eisenherz, bitte begleite Cinderella zum Tor in die andere Welt. Pass gut auf sie auf."
Prinz:	„Meister, ich werde mit meinem Leben dafür bürgen *(verbeugt sich)*."
Merlin:	„Schon gut. *(Pause)* Diggi, du kannst zurück zu deinen Zwergen gehen. Hab' vielen Dank, dass du Cinderella bis hierhin begleitest hast."
Cinderella:	„Und sieht der Prinz gut aus."
Diggi:	„Ich will aber gar nicht zurück, ich will bei Cindi bleiben!"
Prinz:	„Lass das lieber einen Profi machen."

Diggi: „Profi? Profi in was?"

Merlin: „Diggi, du wirst hier nicht mehr gebraucht. Prinz Eisenherz wird Cinderella von nun an begleiten. Er ist trotz seines jungen Alters bereits ein erfahrener Kämpfer. Kannst du überhaupt mit einem Schwert umgehen?"

Diggi: „Äh, nein. Aber man muss es ja nicht nur in den Muskeln haben, sondern auch hier, im Kopf."

Cinderella: „Und da hast du viel?"

Merlin: „Kinder, nun streitet nicht. Lasst uns lieber feiern. Diener, bringt Speisen und Getränke herein."

Diggi: „Ich will aber nicht Abschied von Cindi feiern."

Merlin: „Musiker spielt"

Vorhang zu. Es erklingt Musik, die langsam immer leiser wird.

7. Bild (Im Wald)

*Es ist Stöhnen zu hören. Vorhang auf.
Hintereinander gehen Prinz Eisenherz, danach Cinderella und am Ende Diggi. Diggi hält sich den Kopf.*

Diggi: „Mann, was habe ich für Kopfschmerzen. Und kotzübel ist mir auch noch."

Cinderella: „Du hättest nicht so viel Bier trinken sollen. In deinem Alter hättest du eigentlich überhaupt kein Bier trinken dürfen."

Diggi: „Ooohhhh."

Prinz: „Selber Schuld."

Diggi: „Eines von den Bieren muss verdorben gewesen sein."

Prinz: „Ein guter Witz."

Cinderella: „Außerdem hatte Merlin gesagt, dass du mich nicht mehr begleiten sollst."

Prinz: „Genau. Und was Herr Merlin sagt, das macht man. Das ist wie ein Befehl.

Diggi: „Ich mache aber, was mir gefällt."

Prinz: „Wenn ich das machen würde, was **mir** gefällt, dann würde ich dich verprügeln, Zwerg."

Diggi: „Fass mich ja nicht an!"

Cinderella: „Auseinander ihr Streithähne. Diggi ist trotzdem hier und wird **uns** deshalb auch

	begleiten. Und du, Prinz Eisenherz, wirst uns führen."
Prinz:	„Aber ich beschütze dich, Cinderella."
Diggi:	„Grummel."

Alle gehen eine Zeitlang wortlos weiter und kommen am äußersten Rand der Bühne bzw. bei der Treppe zur Bühne an.

Cinderella:	„Ach, ich bin so hungrig und müde. Können wir nicht eine Rast machen und etwas essen?"
Prinz:	„Gerne. Diggi, pack' schon einmal den Rucksack aus."
Diggi:	„Rucksack? Welchen Rucksack? Du hast doch den Rucksack mit der Verpflegung genommen."
Prinz:	„Ich? Ich habe ihn doch dir gegeben. Cinderella kann das bezeugen."
Diggi:	„Du hast ihn mir nicht gegeben. Außerdem bist du doch der Führer, du bist für alles verantwortlich."
Prinz:	„Und du hast dir letzte Nacht beim Saufen wohl zu viele Gehirnzellen abgetötet."
Diggi:	„Du aufgeblasener Wichtigtuer!"
Cinderella:	*(wütend)* „Stop! Hört doch endlich auf zu streiten! Das füllt auch nicht meinen Magen."

Diggi: „Cindi, du hast Recht. Wir sollten lieber etwas zu Essen besorgen. Ich gehe und versuche Beeren und Früchte zu finden."

Prinz: „Das wollte ich auch gerade vorschlagen. Ich gehe. Ich bin schließlich der Führer. Du kannst so lange auf Cinderella aufpassen."

Diggi: „Ich kenne mich aber besser im Wald aus und werde schneller mehr finden. Bleib du lieber hier."

Prinz: „Ich bestimme hier ...."

Cinderella: „Streitet doch nicht immer. Ihr geht zusammen Beeren sammeln und ich warte hier. So seid ihr auch viel schneller."

Prinz: „Können wir dich denn kurz alleine lassen?"

Cinderella: „Ach, nun stellt euch doch nicht so an. Ich bleibe hier ganz ruhig sitzen. Was soll denn schon passieren? Aber beeilt euch bitte."

Prinz: „Wir sind schon weg!"

Diggi: „... und bringen dir was Leckeres mit."

Prinz Eisenherz und Diggi eilen davon. Man sieht sie noch kurz Beeren pflücken, dann sind sie verschwunden. Der Vorhang geht zu. Cinderella bleibt vor dem Vorhang sitzen, aber im Dunkeln.

8. Bild (Lichtung der Elfen)

Der Vorhang geht auf. Elfen sitzen auf einer Lichtung.

Elfe 1:	„Ist es hier langweilig."
Elfe 2:	„Wir haben lange keine richtige Unterhaltung mehr gehabt."
Elfe 3:	„Es muss jetzt schon fast ein Jahr her sein, dass uns der letzte Besucher verlassen hat."
Elfe 1:	„Aber immerhin hat er es über 4 Jahre bei uns ausgehalten."
Elfe 2:	„Na ja, ihr habt euch ja auch mächtig angestrengt, damit es ihm gefällt."
Elfe 3;	„Wir haben mit dem Bettler aber auch viel Spaß gehabt. Er hat immer so tolle Geschichten erzählt."
Elfe 1:	„Ich fand die Tänzerin aber viel besser. Wir haben so viel zusammen getanzt. Aber leider war sie ja nur ein paar Monate geblieben."
Elfe 2:	„Hoffentlich kommt bald wieder jemand vorbei."

Prinz Eisenherz und Diggi, sind am Rande der Bühne zu sehen. Sie suchen Beeren.

Elfe 3:	„Still, ich glaube ich höre etwas."

Elfe 1:	„Da scheint jemand zu kommen."
Elfe 2:	„Das wäre ja super. Endlich ist die Langeweile vorbei."
Elfe 3:	„Macht euch schnell fertig, wir wollen ja einen guten Eindruck machen."

Die Elfen streichen sich über die Haare, zupfen ihre Kleider zurecht usw..

Prinz Eisenherz und Diggi sehen die Elfen und bleiben erstaunt stehen.

Diggi:	„Äh, hallo."
Elfen:	(*im Chor*) „Hallo."
Prinz:	„Seid gegrüßt. Mein Name ist Prinz Eisenherz und wer seid ihr?"
Elfe 1:	„Ich bin Laurentia und das sind meine Freundinnen. Ihr seid sicher müde und erschöpft. Bitte setzt euch und ruht euch aus (*zeigt auf einen Baumstumpf als Stuhl*), wir bereiten euch auch rasch ein paar Speisen zu und Getränke haben wir auch. Elena bitte bewirte unsere Gäste."
Elfe 2:	„Gerne ich bin schon unterwegs."

Prinz Eisenherz und Diggi setzen sich. Die Elfen hocken sich im Halbkreis darum.

Elfe 1:	„Nun erzählt inzwischen einmal von euch, wer seid ihr und was macht ihr hier im Wald?"
Prinz:	„Aber gerne. Wie ich bereits sagte: ich bin Prinz Eisenherz und in einer wichtigen Mission unterwegs. Der große Zauberer Merlin persönlich hat mich gesandt und ich bürge mit meinem Leben für einen erfolgreichen Ausgang dieser Mission."
Elfe 1:	„Das ist ja wahnsinnig interessant. Und wie geht es dem guten Merlin, erzähl!"
Prinz:	„Merlin geht es ausgezeichnet. Man sieht ihm sein Alter überhaupt nicht an."
Elfe 2:	„Trinkt erst einmal einen Schluck. Was möchtet ihr? Wir haben Fruchtsaft und auch Bier."
Diggi:	„Nein, kein Bier!"
Prinz:	„Danke, ich nehme auch Saft."
Elfe 1:	„Prinz Eisenherz, erzählt weiter."
Prinz:	„Ja, also ...."

Das Licht auf der Bühne geht langsam aus und ein Scheinwerfer beleuchtet Cinderella.

Cinderella:	„Wo bleiben die beiden bloß? Es wird schon dunkel und sie sind immer noch nicht zurück. Außerdem habe ich schrecklichen Hunger."

Das Licht auf der Bühne geht wieder an und Rinderhandels Scheinwerfer verlöscht. Diggi spielt mit den Elfen Karten.

Die Musik beginnt wieder.

Prinz:	„Ja, so habe ich gewonnen und meinen ersten Orden erhalten."
Diggi:	„Juchuuuuh, ich habe gewonnen. Endlich einmal gewonnen. Die anderen Zwerge lassen mich nie gewinnen."
Elfe 1:	„Bitte Prinz, erzählt noch eine Geschichte."
Elfe 2:	„Diggi, wollen wir noch einmal spielen?"
Diggi:	„Nein, das geht leider nicht. Es ist schon spät geworden und wir müssen zu Cinderella zurück."
Elfe 3:	„Das geht jetzt nicht mehr. Es ist im Wald schon völlig dunkel, da kann man keinen Weg mehr finden."
Elfe 1:	„Außerdem haben wir für euch auch noch einige Leckereien vorbereitet; die müsst ihr **unbedingt** probieren."
Diggi:	„Können wir den heute wirklich nicht mehr zurück?"
Prinz:	„Du hörst doch, dass es wirklich nicht geht. Dann lass uns eben gute Miene zum bösen Spiel machen und die Leckereien genießen."

Diggi:	„Das gefällt mir nicht."
Elfe 2:	„Komm, dann lass uns eben noch eine Partie Karten spielen; sei kein Spielverderber."
Diggi:	„Cinderella ist aber ganz alleine."
Prinz:	„Du hast doch selber gehört, dass es nicht geht. Als Führer bin ich schließlich für dich verantwortlich. Du hast ja auch Cinderella alleine gelassen. Du hättest ja bei ihr bleiben können. Aber das hättest du dir früher überlegen müssen. Jetzt ist es zu spät."
Diggi:	„Des lieben Friedens Willen bleibe ich. Aber morgen brechen wir ganz früh auf."
Prinz:	„Prima. Dann kann ich ja noch die Geschichte erzählen, wie ich diese Auszeichnung (*zeigt darauf*) erhalten habe. Also, ich ...."

Vorhang zu.

Vorhang auf. Es wird langsam hell. Diggi und Prinz Eisenherz schlafen noch. Die Elfen decken den Frühstückstisch, - Diggi wacht auf.

Diggi: „Uahhh. Wo bin ich eigentlich (*schaut sich um*)? Richtig, bei den Elfen. Wo ist denn Cindi? Oh, wir haben Cindi ja im Wald vergessen."

Diggi schüttelt Prinz Eisenherz.

Diggi: „Los, Prinz, wach auf. Wir müssen schnellstens zu Cindi."

Prinz: „Lass mich doch schlafen!"

Diggi rüttelt stärker.

Diggi: „Steh endlich auf."

Prinz Eisenherz erhebt sich langsam.

Prinz: „Wenn es denn **unbedingt** sein muss."

Diggi: „Komm schon."

Prinz Eisenherz sieht das Frühstück.

Prinz: „Hmmm. Das sieht aber lecker aus. Komm Diggi, lass uns erst einmal Frühstücken."

Diggi: „Nein, ich will sofort zu Cindi!"

Elfe 1: „Guten Morgen, das Frühstück ist fertig. Kommt und schaut, was wir leckeres vorbereitet haben."

Prinz: „Gerne."

Diggi: „Nein danke, ich muss weg."

Prinz: „Du hast Cinderella schon so lange alleine gelassen, da kommt es auf die halbe Stunde auch nicht mehr an. Los komm."

Elfe 2: „Diggi, nach dem Frühstück führe ich euch zurück."

Elfe 3: „Bitte frühstücke mit uns. Diese Bitte kannst du uns doch nicht ausschlagen."

Diggi: „Es tut mir Leid. Es ist wirklich ganz super toll bei euch ... eigentlich viel zu schön. Aber ich muss jetzt leider sofort los, und meinen Entschluss kann auch nichts mehr ändern."

Prinz: „Dann geh'. Aber du musst schon alleine gehen. Ich komme dann später mit den Elfen nach."

Diggi: „Dann gehe ich jetzt."

Diggi steckt noch ein paar Kekse ein.

Elfe 1: „Prinz Eisenherz, ihr wolltet nach dem Frühstück doch mit uns noch zum Wasserfall."

Elfe 2: „Da ist es wirklich wunderschön."

Prinz: „Diggi, vielleicht wird es noch etwas später."

Diggi: „Tschüss!"

Diggi will gehen.

Elfe 2: „Diggi warte, ich begleite euch und zeige euch den Weg."

Diggi: „Es geht also doch."

Die Elfe führt Diggi, aber sie gehen immer nur um die Lichtung herum und kommen nicht zu Cinderella.

Diggi: „Hier bin ich gestern ganz bestimmt nicht gewesen. Weißt du überhaupt, wo Cindi ist?"

Elfe 2: „So ganz grob schon, du kannst mir ruhig folgen."

Diggi: „Wie grob?"

Elfe 2: „Einigermaßen."

Diggi: „Einigermaßen genau oder einigermaßen grob?"

Elfe 2: „Ja, genau."

Diggi: „Das sind doch alles Wortspielereien. Ich habe so langsam den Verdacht, dass du überhaupt nicht weißt, wo es zu Cindi geht."

Elfe 2: (*zeigt in eine Richtung*) „Hier müssen wir lang."

Diggi: „Ich traue dir nicht. Ich glaube nämlich, wir müssen dort lang (*zeigt in die entgegengesetzte Richtung*) und dort gehe ich jetzt auch lang."

Diggi geht in die Richtung.

Elfe 2: „Halt, das ist falsch."

Diggi: „Egal."

Diggi geht wenige Schritte und kommt zur leeren Elfen-Lichtung.

Diggi: „Wir waren also stets ganz nahe bei eurer Lichtung. Du hast mich in die Irre geführt! Aber von hier aus finde ich wenigstens den richtigen Weg zurück. Wo ist Prinz Eisenherz?"

Elfe 2: „Die anderen sind sicher zum Wasserfall gegangen."

Diggi: „Egal, Ich gehe jetzt und auf Nimmerwiedersehen."

Diggi geht zu Cinderella. **Musik endet.**

Diggi: „Hallo Cindi. Gut, dass du noch da bist. Wie geht es dir?"

Cinderella: „Kommt ihr endlich? Ich war die ganze Nacht alleine und habe schrecklichen Hunger und Durst. Außerdem habe ich mir fürchterliche Sorgen um euch gemacht. Wo bleibt eigentlich Eisenherz?"

Diggi: „Der Prinz kommt später. Er ist noch zum Wasserfall."

Cinderella: „Sag die Wahrheit; was hast du mit ihm angestellt?"

Diggi: „Ich? Dieses Mal wirklich nichts. **Er** wollte nicht mit mir zurück zu dir!"

Cinderella: „Was habt ihr denn gemacht? Schließlich wart ihr die ganze Nacht weg."

Diggi: „Wir haben Elfen getroffen und die haben uns etwas zu essen und zu trinken gegeben. Hier, ich habe dir auch etwas mitgebracht. Und dann war es dunkel und wir konnten nicht mehr zu dir zurück. Das ist die ganze Geschichte in Kurzform."

Cinderella: (*isst dabei*) „Dann können wir doch jetzt zu den Elfen gehen und Prinz Eisenherz abholen."

Diggi: „Lieber nicht; ich möchte nicht wieder zu den Elfen."

Cinderella: „Diggi, was hast du wieder angestellt?"

Diggi: „Dieses Mal wirklich nichts."

Cinderella: „Du wiederholst dich."

Diggi: „Die Wahrheit ist, die Elfen wollten uns unbedingt dort behalten. Sie haben deshalb alles getan, damit es uns gefällt und haben außerdem geschickt versucht, uns vom Gehen abzuhalten. Ich bin heute früh einfach abgehauen. Prinz Eisenherz war einfach nicht stark genug. Außerdem habe ich das Gefühl, dass es ihm nicht nur gefallen hat, sondern dass er es ausgesprochen genossen hat. Aber wenigstens bin ich ja zurück."

Cinderella: (*wütend*) „Trotzdem hättest du mich nicht die ganze Nacht alleine lassen dürfen. Ich habe mich so geängstigt und habe mir auch solche Sorgen um euch gemacht. Ich hatte schon geglaubt, ein wildes Tier hätte euch gefressen (*weint*)."

Diggi: „Jetzt ist ja alles wieder gut. Ess' etwas und lass uns weiter gehen."

Cinderella isst.

Cinderella: „Wo müssen wir jetzt hin? Hatte Merlin nicht etwas von einer alten holen Eiche gesagt?"

Diggi: „Ja genau. Sie müsste von hier aus 5 Stunden in nördlicher Richtung liegen."

Cinderella: „Dann los. Ich möchte unbedingt heute noch nach Hause."

Beide gehen an den vorderen Rand der Bühne. Der Vorhang geht zu.

9. Bild (Im Wald bei der Spinne)

Cinderella und Diggi gehen vor dem Vorhang weiter.

Diggi:	„Wo ist denn bloß diese verfluchte hohle Eiche?"
Cinderella:	„Jetzt suchen wir sie schon seit Stunden. Diggi, weißt du überhaupt noch wo wir sind?"
Diggi:	„Ehrlich gesagt habe ich die Orientierung etwas verloren. Aber wir werden die Eiche bestimmt finden."
Cinderella:	„Diggi, wir **müssen** die Eiche finden!"
Diggi:	„Komm, lass es uns einmal in dieser Richtung versuchen."

Vorhang auf. Im Wald ist ein riesiges Spinnennetz zu sehen und daneben, an einem Baum gefesselt, ein Schmetterling, der weint. Alles ist nur spärlich beleuchtet.

Cinderella:	„Diggi, hörst du auch das Wimmern?"
Diggi:	„Ja, lass uns nachsehen."
Cinderella:	*(ängstlich)* „Wenn es aber ein gefährliches Tier ist? Warum sollten wir uns ohne Grund in Gefahr begeben?"
Diggi:	„Weil du nicht nach Hause kommst, wenn wir hier nur ´rumsitzen. Irgendwie müssen wir die Eiche und das Tor finden.

Vielleicht hilft uns dieses Geräusch weiter."

Diggi geht vor und Cinderella folgt vorsichtig.

Cinderella: „Was ist das?"

Diggi: „Ein Schmetterling, oder genauer, ein gefangener Schmetterling."

Cinderella: „Aber der ist ja so groß wie ich. So etwas gibt es doch gar nicht."

Diggi: „Bei euch vielleicht nicht. Bei uns ist vieles möglich."

Cinderella geht zum Schmetterling.

Cinderella: „Der ist ja an den Baum gefesselt."

Diggi: „Sag' ich doch."

Schmetterling: „Bitte helft mir. **Bitte**!"

Cinderella erschrickt.

Cinderella: „Der kann ja sprechen!"

Diggi: „Ja und?"

Cinderella und Diggi binden den Schmetterling los.

Cinderella: „Was ist geschehen? Wer hat dich gefesselt?"

Langsam kommt eine riesige Spinne aus den Büschen und beobachtet, was die anderen machen.

Schmetterling: „Danke, dass ihr mich befreit habt. Ich hatte schon alle Hoffnung aufgegeben. Ich flog gestern Abend noch etwas umher, um Blütennektar zu trinken, und dabei habe ich dieses Netz irgendwie übersehen und dann kam diese Spinne und hat mich gefangen."

Spinne: (*mit zischender Stimme*) „Was treibt ihr dort mit meinem Essen?"

Alle schauen sich um. Als Cinderella die Spinne sieht schreit sie laut auf.

Cinderella: „Iiihhh! Da... da... das ist ja eine riesige Spinne. Hilfe ... Hilfeeeeee!"

Diggi: „Nun beruhige dich erst einmal!"

Cinderella: „Nein, die ist so grässlich."

Diggi: „Hallo Spinne."

Spinne: „Ihr habt mir mein Essen gestohlen. Jetzt werde ich **euch** dafür schnappen."

Cinderella: „Und sprechen kann sie auch, so etwas gibt es doch gar nicht."

Diggi: „Warum nicht? Oder hältst du das für ein Fatamorgana? *(Pause)* Spinne, lass uns in Frieden und such' dir ein an'dres Abendbrot."

Die Spinne kommt langsam auf die drei zu. Cinderella läuft davon. Diggi wirft einen Keks nach der Spinne.

Diggi: „Probier´ mal den Keks. Schmeckt viel besser als wir. Kommt, wir verschwinden."

Alle gehen eilig zum vorderen Rand der Bühne. Die Spinne kommt langsam hinterher. Der Vorhang geht zu und die Spinne verschwindet hinter dem Vorhang.

Schmetterling: „Puh, das ist gerade noch einmal gut gegangen."

Cinderella: „So ein grässliches Tier."

Diggi: „Irgendwie verstehe ich die Spinne schon, sie will auch nur leben."

Cinderella: „Trotzdem."

Schmetterling: „Was macht ihr überhaupt hier?"

Diggi: „Wir wollen zum Tor in die andere Welt. Wir können auf dem Weg dahin aber die alte hohle Eiche nicht finden."

Schmetterling:	„Ich weiß zwar nicht, wohin das Tor führt, das ich kenne, aber wenn es das ist, was ihr meint, dann seid ihr schon lange an der Eiche vorbei und kurz vor dem Tor."
Cinderella:	„Du weißt, wo das Tor ist?"
Schmetterling:	„Na klar. Ich fliege doch viel in dieser Gegend herum."
Diggi:	„Echt super, dass du weißt, wo das Tor liegt."
Cinderella:	„Wie kommen wir dort hin?"
Schmetterling:	„Immer in diese Richtung geradeaus. In ungefähr zwei Kilometern kommt ihr auf eine große Lichtung mit vielen schönen Blumen mit besonders leckerem Nektar. Hmmm."
Diggi:	„Und dort ist das Tor?"
Schmetterling:	„Ja, hinter einem großen Felsen."
Diggi:	„Von dem Felsen hat Merlin auch gesprochen."
Cinderella:	„Wie können wir dir nur danken?"
Schmetterling:	„Ihr mir danken? **Ich** muss **euch** danken. Schließlich habt ihr mir das Leben gerettet."
Diggi:	„Genug der Dankerei. Cindi, lass uns weitergehen."
Cinderella:	„Tschüss."

Diggi: „Flieg hoch!"

Schmetterling: „Auf Wiedersehen und noch einmal danke!"

Diggi und Cinderella gehen in die vom Schmetterling gezeigte Richtung. Der Schmetterling geht langsam von der Bühne.

10. Bild (Lichtung mit Felsen)

Der Vorhang geht auf. Es ist die Lichtung mit den Blumen und dem Tor hinter dem Felsen zu sehen.

Diggi: „Cindi, schau! Das da drüben muss das Tor sein."

Cinderella: „Ja, es sieht genau so aus wie Merlin es beschrieben hat."

Diggi: „Dann kannst du jetzt nach Hause."

Cinderella: „Ja, endlich."

Diggi: „Hast du Angst durch das Tor zu gehen?"

Cinderella: „Etwas mulmig ist mir schon. Aber egal, ich will nach Hause."

Diggi: (*Atmet tief durch*) „Na gut, dann lass uns gehen."

Cinderella: „Diggi, du kannst nicht mit."

Diggi: „Warum denn nicht? Wir haben zusammen doch viele Abenteuer überstanden und wir sind doch zusammen, oder?"

Cinderella: „Ach Diggi, das ist doch gar nicht das Problem. Du kannst nicht so einfach in meiner Welt auftauchen. Du hast keine Geburtsurkunde, du gehst in keine Schule, bist nicht krankenversichert und hast keine Eltern. Bei euch reicht es, dass man ein Mensch ist. Bei uns ist es scheinbar wichtiger, dass bürokratische Verwaltungsakte erfüllt werden."

Diggi: „Du meinst, ich kann wirklich nicht mit dir kommen?"

Cinderella: „Diggi glaube mir, ich würde dich so gerne mitnehmen. Aber es geht wirklich nicht. Das kannst du mir glauben, ich kann es mir kaum noch vorstellen, wie es ohne dich ist. Selbst wenn ich mit dir streite macht es mir inzwischen irgendwie Spaß. Eigentlich mag ich dich gar nicht mehr verlassen."

Diggi: „Cindi, ich möchte dir wenigstens ein Abschiedsgeschenk machen."

Diggi holt einen großen roten Edelstein aus der Tasche und gibt ihn Cinderella.

Diggi: „Hier, damit du dich immer an mich erinnerst."

Cinderella: „Danke, Diggi ist der schön."

Cinderella gibt Diggi einen Kuss auf die Wange.

Cinderella: „Eigentlich mag ich so ein wertvolles Geschenk gar nicht annehmen."

Diggi: „Bitte behalte den Stein. In gewissem Sinn ist es ein Stück von mir, das du jetzt immer bei dir haben kannst. Und jetzt gehe bitte"

Cinderella: „Es fällt mir immer schwerer zu gehen. Es ist richtig, dass du in meiner Welt nicht bestehen kannst, aber könnte ich nicht einfach bei dir bleiben?"

Diggi: „Denk doch an deine Familie. Deine Eltern und dein Bruder werden dich bestimmt schon sehr vermissen. Es war doch dein sehnlichster Wunsch gewesen, zu ihnen zurück zu kommen."

Cinderella: „Schon, aber es hat mir in deiner Welt so gut gefallen. Keine Hektik, kein Stress und jeder ist genau das, was er ist. Außerdem bist du mir so ans Herz gewachsen. Schokoladenpudding! Diggi, ich bleibe einfach hier bei dir."

Diggi: „Cindi, nichts was mir lieber wäre. Aber ich kann nicht zulassen, dass du das deiner Familie antust. Nein, nein. Cindi, ich tue jetzt etwas, was mir und vielleicht auch dir das Herz brechen wird, aber es muss sein. Cindi, bitte verzeihe mir!"

Diggi gibt Cindi einen Stoß, so dass sie durch das Tor stolpert. Cinderella schreit auf.

Cinderella: „Ahhhhh!"

Vorhang zu.

Stille

11. Bild (Rinderhandels Zimmer)

Man hört Cinderella schreien.

Cinderella: „Neeiinnn!"

Der Vorhang geht auf. Cinderella liegt in Ihrem Bett unter einer Decke. Die Mutter kommt ins Zimmer gelaufen.

Mutter: „Cinderella, was ist los?"

Cinderella: „Was ist los, wo bin ich?"

Mutter: „Du bist doch in deinem Bett. Wahrscheinlich hast du nur schlecht geträumt."

Cinderella: „In meinem Bett? Ja, in meinem Bett."

Die Mutter umarmt Cinderella.

Mutter: „Komm zu mir, Kleines. Geht es schon wieder?"

Cinderella: „Ja. Ach Mutter, ich habe so eigenartiges erlebt – ich meine geträumt."

Mutter: „Es wird alles wieder gut."

Cinderella: „Ich weiß nicht. Hoffentlich. *(Pause)* Ah, irgendwas drückt mich hier."

Cinderella zieht erstaunt Diggi's Edelstein hervor.

Cinderella (*leise*): „Diggi's Edelstein."

Mutter: „Was ist das?"

Cinderella: „Ein Geschenk. Von einem Freund."

Mutter: „Aha."

Cinderella: „Mutter, ich weiß jetzt, dass Fred mit seinem Märchen irgendwie recht hat. Ich werde mich bei ihm entschuldigen. Es gibt tatsächlich so etwas wie ein Märchenreich. (*betrachtet traurig den Stein*) Irgendwie wäre mir lieber, alles wäre tatsächlich nur ein Traum gewesen."

Vorhang zu. Das Licht im Theater geht an.

12. Bild (Schlussbild)

Vorhang auf.

Alle Schauspieler außer Diggi (der fehlt) verbeugen sich und bilden danach einen Halbkreis um Cinderella. Cinderella verbeugt sich. Blitz, Donner und Rauch (oder ähnliches) und Diggi erscheint plötzlich auf der Bühne.

Diggi: „Hallo Cindi, ich hab es ohne dich einfach nicht mehr ausgehalten."

Cinderella: **„Ach Diggi, ich freue mich so!"**

Diggi und Cinderella umarmen sich. Dann stellen sich beide Hand in Hand nebeneinander.

Diggi: „Sag `mal, was ist eigentlich eine Geburtsurkunde?"

Ende.

Sara Holmes

Das Geheimnis des verschwundenen Bildes

Hans-Jürgen Soll
2011

Dieses Werk ist unter einem Creative Commons Attribution-NonCommercial-NoDerivs 3.0 Germany Lizenzvertrag lizenziert.
Um die Lizenzanzusehen, gehen Sie bitte zu http://creativecommons.org/licenses/by-nc-nd/3.
Oder schicken Sie einen Brief an Creative Commons, 171 Second Street, Suite 300, San Francisco, California 94105, USA.

Spieler

Sara Holmes
Anne
Vertrauensschülerin
Melanie
Angelika
Jan
Mona
Direktorin
Torben
Putzfrau
Schülerin 1
Schülerin 2
Jugendlicher 1
Jugendlicher 2

Szene 1

Die Bühne zeigt den Aufenthaltsraum eines alten ehrwürdigen Internats. Von diesem Raum gehen einige Wohnräume von Schülern ab. An einer Wand steht ein großer alter Schrank. Einige Schüler befinden sich im Aufenthaltsraum. Die Vertrauensschülerin und Sara betreten den Aufenthaltsraum.

Vertrauensschülerin: „Achtung! Bitte alle einmal zuhören. - Als Vertrauensschülerin möchte ich euch eine Mitschülerin vorstellen. Hier ist Sara. Sara kommt aus England. Aber vielleicht stellst du dich am besten einmal selber vor."

Sara: (*spricht mit englischem Akzent*) „Ja also, ich heiße Sara, Sara Holmes. Ich freue mich sehr, dass ich hier lernen darf, neue Leute kennen lerne und hoffentlich auch neue Freunde finde."

Kleine Pause

Vertrauensschülerin: „Sara, erzähl doch noch etwas mehr von dir, zum Beispiel was sind deine Hobbys?"

Sara: „Zuerst einmal, mein Lieblingsfach ist Mathematik. Außerdem liebe ich Musik; ich höre gerne Musik und ich spiele ganz gut Gitarre. Gibt es hier eine Schulband?"

Vertrauensschülerin: „Ja, aber du solltest dich dazu an Cindi wenden."

Cindi: „Wir nehmen aber nicht jede ...."

Anne: *(leise)* „... hergelaufene."

Vertrauensschülerin: „Sara, gibt es sonst noch etwas interessantes über dich?"

Sara: „Ich bin ein großer Fan von Sherlock Holmes. Ich habe viele der Bücher gelesen und auch einige Filme gesehen. In gewisser Weise ist die Figur Sherlock Holmes ein Vorbild für mich."

Anne: *(leise)* „Aus welchem Misthaufen kommt die den gekrochen?"

Vertrauensschülerin: „Anne, hast du etwas gesagt?"

Anne: „Ich wollte nur mitteilen, dass ich hier die Schulsprecherin bin und somit ein bisschen bestimme, wo es langgeht."

Vertrauensschülerin: „Gut, nun kennst du auch Anne. *(Pause)* Du heißt mit Nachnamen ja auch Holmes; seid ihr miteinander Verwandt?"

Sara: „Nein, Sherlock Holmes ist eine Romanfigur von Sir Arthur Conan Doyle."

Vertrauensschülerin: „Oh – Sara, Du wirst ein Zimmer mit Melanie teilen. Das dort drüben ist Melanie. Sie kann dir sicher auch alle weiteren Fragen beantworten."

Melanie: „Hallo, Sara. Komm, ich zeige dir unser Zimmer. Und danach stelle ich dich meinen Freunden vor."

Sara:	„Ja, gerne. Ich kombiniere, deine Freundin heißt Anne und sitzt dort drüben."
Melanie:	„Ja, das ist richtig. Wie kommst du darauf?"
Sara:	„Das war doch ganz einfach. Du trägst eine Freundschaftskette mit dem Namen Anne und Anne trägt eine gleiche mit dem Namen Melanie."
Anne:	*(leise)* „So eine Angeberin."
Melanie:	„Ach so. Komm, jetzt zeige ich dir aber endlich unser Zimmer."

Beide gehen in einen Nebenraum.

Schülerin 1:	„Die ist aber uncool."
Anne:	„Und ausgerechnet die wohnt im Zimmer von Melanie. Hoffentlich hat sie keinen negativen Einfluss auf sie. Am besten wäre es, wenn dieser Möchtegern Sherlock Holmes bald wieder verschwindet."

Vorhang zu.

Szene 2

Vorhang auf.

Mehrere Schüler sind im Aufenthaltsraum und schauen ein Video. Anne kommt mit einer Tüte Chips zu Melanie.

Anne: „Hi, ich habe uns etwas zum Knabbern mitgebracht. Ist der Film gut?"

Melanie: „Eine von Sara's DVDs."

Sara: „Ein Sherlock Holmes Film."

Anne: „Na, dann kann ja nicht viel damit los sein."

Melanie: „Mir gefällt er aber."

Ein Handy klingelt.

Melanie: „Hallo, wessen Handy ist das?"

Sara: „Angelika, das Klingeln scheint aus deiner Tasche zu kommen."

Angelika: „Nein, mein Handy klingelt ganz anders."

Anne: „Doch, das Klingeln kommt von dort!"

Angelika erschrickt.

Angelika: „Nein, äh, ich meine doch, es ist mein Handy."

Angelika nimmt die Tasche und läuft hinaus.

Angelika: *(beim Laufen)* „Ich will euch nicht weiter stören."

Angelika bleibt am Rand der Bühne stehen, kramt das Handy aus ihrer Tasche und schaltet es aus.

Sara: „Das war wirklich merkwürdig."

Melanie: „Mach dir nichts daraus, Angelika ist manchmal etwas merkwürdig."

Anne: „Na Sara, kannst du da nicht wieder etwas kombinieren?"

Jan kommt in den Aufenthaltsraum und geht zu Schülerin 1.

Jan: „Hi, schau mal, ich habe ein ganz neues iPhone."

Schülerin 1: „Kannst du dir das überhaupt leisten? Es ist doch bekannt, dass deine Eltern das Schulgeld mit Müh' und Not aufbringen können."

Jan: „Offenbar doch, wie du siehst"

Schülerin 2: „Zeig mal her. Was für Apps hast du denn?"

Anne: „Sara, was hast du eigentlich für ein Handy?"

Sara:	„Im Moment leider keines. Mein altes ist kaputt und ich bekomme erst zum Geburtstag ein neues."
Anne:	„Wie kann man ohne Handy sein? Halte dich von mir lieber fern, du verdirbst mir sonst mein Image."
Sara:	„Was hast du denn für ein Image?"
Anne:	„Puh!"

Mona betritt aufgeregt den Aufenthaltsraum.

Mona:	„Hat jemand mein Handy gesehen? Ich vermisse es seit gestern."
Schülerin 2:	„Vielleicht hast du es verlegt?"
Mona:	„Nein, das kann eigentlich nicht sein. Ich habe es immer in meiner Handtasche gehabt; da bin ich ganz sicher."
Schülerin 1:	„Und wo war deine Handtasche?"
Mona:	„Ich habe sie immer bei mir gehabt, ausgenommen gestern kurz in der Bibliothek".
Schülerin 1:	„Wie lange hast du denn deine Tasche dort unbeaufsichtigt gelassen?"
Mona:	„Eigentlich wollte ich nur ganz kurz aufs Klo gehen, aber dann bin ich Frau Semmel über den Weg gelaufen und musste ihr im Bioraum helfen. Ich war

	vielleicht eine halbe Stunde oder maximal eine Stunde weg."
Schülerin 1:	„Dann ist dir das Handy dort geklaut worden."
Sara:	„Wer war außer dir noch in der Bibliothek gewesen?"
Mona:	„Außer mir war nur Jan dort. Das heißt, soweit ich es beurteilen kann."
Sara:	„Jan, war gestern außer dir noch jemand in der Bibliothek?"
Jan:	„Nein, niemand. Wenn jemand gekommen wäre, dann hätte ich das mit Sicherheit bemerkt."
Anne:	„Kombiniere, Jan hat das Handy gestohlen."
Jan:	„Das stimmt nicht! Ich habe das Handy nicht gestohlen."
Sara:	„Ich glaube das auch nicht."
Anne:	„Holmes, das sind die Fakten: Mona's Tasche war nur eine Stunde unbeaufsichtigt und Jan war der einzige, der in der Nähe war. Außerdem ist Jan zur Zeit erstaunlich gut bei Kasse. Sara, nun sei nicht sauer, dass ich diesen Fall gelöst habe."
Jan:	„Das sind gemeine Unterstellungen!"
Sara:	„Jan, rege dich nicht auf. Ich habe so eine Vermutung. Gebt mir 10 Minuten Zeit damit ich etwas überprüfen kann."

Schülerin 1:	„Mona, du solltest zur Direktorin gehen und den Diebstahl melden."
Schülerin 2:	„Und zwar unverzüglich!"
Mona:	„Ja, ich denke, dass ist wahrscheinlich das Beste."
Sara:	„Mona, bitte warte doch noch die 10 Minuten. Darauf kommt es jetzt auch nicht mehr an."
Anne:	„Nein, geh jetzt lieber sofort. Ich bleibe bei meinem Verdacht. Du solltest der Direktorin auch die Indizien schildern."
Jan:	„Glaubt ihr mir denn nicht?"
Mona:	„Wenn ihr meint, dann gehe ich jetzt."

Mona geht heraus.

Sara:	„Anne, hättest du dich nicht etwas zurück halten können? Du machst doch alles nur noch schwieriger."
Anne:	„Unser Sherlock Holmes kann wohl keine Niederlage vertragen."

Anne geht heraus.

Sara:	*(ruft hinterher)* „Darum geht es doch gar nicht!"

Melanie:	„Warum bist du dir so sicher, dass es nicht Jan war?"
Sara:	„Erstens, weil er zugegeben hat, dass nur er noch in der Bibliothek war. Ein Dieb würde sich nicht ohne Grund selber so verdächtig machen. Jan hätte doch ohne weiteres sagen können, dass er zum Beispiel Schritte gehört hätte. Und zweitens habe ich einen Verdacht, wo das Handy ist. Komm mit."

Sara geht, gefolgt von Melanie zu Angelika.

Sara:	„Hallo Angelika. Hast du schon gehört, dass Mona ihr Handy verloren hat?"
Angelika:	„Nein, aber ich habe mir schon so etwas gedacht."
Sara:	„Hast du es vielleicht gefunden?"
Angelika:	„Wie kommst du darauf?"
Sara:	„Weil du so extrem reagiert hast als ein Handy in deiner Tasche geklingelt hat. War es Mona's Handy?"
Angelika:	„Ja, ich habe es gefunden. Ihr werdet mir nicht glauben, aber ich habe es **wirklich** gefunden. *(Pause)* Ich war gestern noch sehr spät in der Bibliothek gewesen und dort lag in einem halbleeren Bücherregal ein Handy. Da ich niemanden gesehen habe, habe ich es eingesteckt und wollte es heute

früh gleich im Sekretariat abgeben. Und dann habe ich es vergessen bis es vorhin plötzlich geklingelt hat. Und jetzt werden alle denken, dass ich es gestohlen habe *(weint)*."

Sara: "Und warum sollte irgendjemand glauben, dass du es gestohlen hast?"

Angelika: "Weil ich vor zwei Jahren beim Klauen erwischt worden bin."

Melanie: "So läuft also der Hase."

Angelika: "Ich bin zwar erwischt worden, aber es war damals ganz anders als ihr denkt. Ich wollte unbedingt in die Clique von Anne aufgenommen werden. Ich wollte auch zu den Coolen gehören. Meine Aufnahmeprüfung bestand darin, im Supermarkt einen Schokoriegel zu stehlen. Und dabei bin ich erwischt worden. Glaubt mir, ich bereue es wirklich und kann heute nicht verstehen, wie ich damals so einen Blödsinn als Mutprüfung akzeptieren konnte. Ich muss verrückt gewesen sein. *(Pause)* Und natürlich ist das unserer Direktorin gemeldet worden und ich habe noch sehr viel Glück gehabt, dass ich nur eine Abmahnung erhalten habe und nicht rausgeflogen bin."

Sara: "Ich glaube dir deine Geschichte."

Melanie: "Wieso, weil Angelika so hübsche Augen hat?"

Sara: "Nein, bestimmt nicht deshalb, sondern weil ihr Verhalten plausibel ist. Wenn ich ein Handy stehlen würde, dann würde

	ich es bestimmt nicht unausgeschaltet überall mit hinnehmen. Ich muss doch davon ausgehen, dass der Besitzer sein Handy anruft um eventuell den Dieb zu überführen oder ein verlorenes Handy zu finden. Mich wundert eigentlich, warum Mona nicht auf diese Idee gekommen ist."
Sara:	"Sagtest du nicht, dass du in die Clique von Anne wolltest?"
Angelika:	"Ja, Anne ist hier die Obercoole und gibt den Ton an."
Melanie:	"Angelika, nun stell Anne doch nicht so negativ dar. Anne ist unsere Schulsprecherin und tut viel Gutes für uns."
Angelika:	"Ja, insbesondere für ihre Freunde!"
Sara:	"Nun streitet euch doch nicht. Lasst uns lieber überlegen, wie wir unser Problem gelöst kriegen."
Angelika:	"Ganz einfach: ich gehe zu Mona, gebe ihr das Handy zurück und sage, dass ich es gefunden habe. Das ist schließlich die Wahrheit."
Sara:	„Leider ist es nicht ganz so einfach. Mona ist gerade bei der Direktorin und meldet den Diebstahl."
Angelika:	„Oh, hoffentlich komme ich da nicht in falschen Verdacht."
Sara:	„Ich mache einen Vorschlag: Ich bringe das Handy zur Direktorin und werde dich nicht nennen."

Angelika:	„Das willst du für mich machen? Danke, ich werde dir ewig dankbar sein."
Sara:	„Nicht der Rede wert."
Melanie:	„Sara, lass es mich lieber machen. Du bist hier ganz neu und die Direktorin ist manchmal etwas schwierig. Außerdem mag sie mich. Ich werde es sehr viel einfacher haben und auch das kann schon schwierig genug werden. Glaub' es mir."
Angelika:	„Dann geht mein tausendfacher Dank an dich!"

Angelika gibt Melanie das Handy und Melanie geht.

Sara:	„Sag ,mal, damals nach dem Diebstahl im Supermarkt, wie hat sich Anne danach dir gegenüber verhalten? Hat sie den Grund dafür klargestellt?"
Angelika:	„Sie schaut mich seitdem nicht mehr an; das ist alles."
Sara:	„Das ist nicht die feine Art. Komm, lass uns zurück in den Aufenthaltsraum gehen."

Beide gehen zurück.

Anne:	"Wo ist den Melanie?"

Sara:	"Melanie ist zur Direktorin gegangen und klärt die Sache mit Monas Handy."
Anne:	"Wieso Melanie? Unser Sherlock Holmes hatte doch diesen Fall gelöst."
Sara:	"Es ist eine komplizierte Sache. Lass uns auf Melanie warten."

Alle warten eine Zeitlang. Dann kommt Melanie.

Angelika:	"Wie ist es gelaufen?"
Melanie:	"Für mich leider nicht ganz so gut. Die Direktorin wollte mir die Geschichte nicht glauben und hat von mir verlangt, dass ich ihr sage von wem ich das Handy habe."
Sara:	"Und hast du es ihr gesagt?"
Melanie:	"Natürlich nicht. Ich hatte es ja versprochen."
Sara:	"Und dann?"
Melanie:	"Dann hat die Direktorin gesagt, dass wenn ich schweige, dann hätte ich auch irgendetwas damit zu tun und ich würde dann dafür bestraft. Und ich habe akzeptiert."
Sara:	"Was für eine Strafe ist es denn?"
Melanie:	"Ich muss am Wochenende den Dachboden entrümpeln. Da wird nicht viel Zeit für andres übrig bleiben."

Angelika:	"Ich helfe dir natürlich."
Sara:	"Ich hätte nicht gedacht, dass die Direktorin so gemein wäre."
Anne:	"Na, da hat Sara dir aber schön was eingebrockt."
Melanie:	"Es ist nicht Saras Schuld. Ich habe es ihr freiwillig abgenommen zur Direktoren zu gehen."
Anne:	"Jetzt schütze Sara nicht auch noch. Die ist doch sowieso völlig uncool. Allein die Klamotten, die sie trägt."
Melanie:	"Lass dir doch erklären...."
Sara:	"Meine Kleidung ist sehr praktisch und außerdem muss ich etwas sparen. Was ist denn schlecht daran?"
Anne:	"Hast du eigentlich einen Freund?"
Sara:	"Nein, aber was hat denn das damit zu tun?"
Anne:	"Daran sieht man, was mit dir los ist."
Sara:	"Ich musste in letzter Zeit viel lernen um in Deutschland in eine richtige Schule gehen zu können und außerdem musste ich meiner Familie helfen. Da hatte ich keine Zeit für solche Gedanken."
Schülerin 1:	"Was hast du eigentlich für ein Handy? Zeig´ ´mal."

Sara zeigt ihr Handy.

Schülerin 1: "Das ist aber ein vorsintflutliches Teil!"

Sara: "Ich kann mir im Moment nichts anderes leisten und schließlich will ich damit auch nur telefonieren."

Anne: "Ich verstehe nicht, Sara, dass du nicht anfängst zu kotzen wenn du dich morgens im Spiegel betrachtest. Such dir deine Freunde anderswo und bleib´ mir fern; du verdirbst mit sonst mein Image. Igitt!"

Sara: "Was habe ich dir bloß getan? Ich glaube, du bist einfach so fies!"

Anne: "Verpiss dich endlich!"

Sara: "Dann geh mir aus dem Weg!"

Sara geht weg. Da Anne ihr etwas im Wege steht, drückt Sie Anne ein bisschen zur Seite. Dabei stolpert Anne und fällt hin.

Anne: "Ohhh...."

Schülerin 1: "Was hast du getan?"

Sara bleibt erschrocken stehen. Anne betrachtet ihre Hand.

Anne: "Du brutale Sau, ich blute!"

Schülerin 1: "Du hast Anne gestoßen. Ich habe es genau gesehen."

Sara: "Ich habe das nicht gewollt. Es war keine Absicht. Bitte entschuldige es."

Sara geht einen Schritt auf Anne zu aber Schülerin 1 stellt sich dazwischen.

Schülerin 1: "Verschwinde endlich oder ich vergesse mich."

Sara schaut Schülerin 1 fassungslos an, dreht sich dann aber um und verlässt die Bühne.

Anne: *(ruft hinterher)* "Das wird noch ein Nachspiel haben"!

Vorhang zu.

Szene 3

Vorhang auf.

Am Rande der Bühne sitzt die Direktorin hinter einem kleinen Tisch. Anne sitzt daneben und Schülerin 1 steht hinter ihr. Vor dem Tisch steht ein weiterer leerer Stuhl. Anne ist ein Stück entfernt.

Direktorin: "Sara komm herein und setze dich bitte."

Sara kommt und setzt sich auf den Stuhl.

Direktorin: "Anne sagt, dass du sie zu Boden gestoßen hast. Stimmt das?"

Sara: "Nein ..., doch, eigentlich schon; ich weiß es selber nicht so genau. Auf jeden Fall habe ich es nicht gewollt und es tut mir sehr leid."

Schülerin 1: "Doch, Sara hat Anne zu Boden gestoßen. Ich habe es genau gesehen. Sara hatte einen Streit mit Anne angefangen und dann rief sie zu Anne: 'geh mir aus dem Weg' und hat Anne gestoßen."

Direktorin: "Sara, war es so gewesen?"

Sara: "Ich habe es so nicht gewollt. Es war ...., es war eher ein Unfall gewesen. Und außerdem müssen Sie die Vorgeschichte kennen."

Schülerin 1: "Ja, du hast zuvor gesagt, dass Anne fies wäre."

Direktorin:	"Sara, stimmt das?"
Sara;	"Ja, aber .... Aber ich habe dass so nicht gemeint. Es tut mir wirklich leid. Ich möchte mich dafür entschuldigen. Anne, kannst du mir noch einmal verzeihen?"
Anne:	"Das sagt sich leicht daher."
Direktorin:	"Sara, ich muss dir hierfür einen offiziellen Verweis aussprechen. Dieses Mal wollen wir das Ganze noch einmal auf sich beruhen lassen. Aber der Verweis bedeutet, dass du, wenn noch einmal so etwas passiert, die Schule verlassen musst. Denke bitte immer daran."
Sara:	"Ja. Danke Frau Direktorin, dass ich noch eine Chance erhalten habe. Ich will mich wirklich bemühen."
Direktorin:	"So, jetzt geht bitte."

Melanie sitzt alleine im Aufenthaltsraum. Sara geht zu ihr. Alle anderen verlassen die Bühne.

Sara:	*(weint)* "Es ist eine riesige Katastrophe. Ich habe einen Verweis erhalten. Dabei habe ich mich so auf dieses Internat gefreut. Ich weiß nicht, wie es jetzt werden soll. Weißt du, ich will nicht mehr."
Melanie:	"Sara, nimm es nicht so schwer. Jeder macht einmal Fehler und jeder erlebt Tiefen. Du bist du und du bist einzigartig auf der Welt. Niemand anderes ist genauso wie du bist und du hast viele Stärken.

	Schau doch nicht auf die anderen sondern auf dich. Und dann überlege, ob du etwas mit Absicht schlecht gemacht hast oder ob du dich bemüht hast, alles gut zu machen. Ich weiß, dass du keine Schuld an dem Desaster hast."
Sara:	"Aber ich habe dir die Strafarbeit eingebrockt."
Melanie:	"Hast du nicht. Ich habe selber entschieden zur Direktorin zu gehen . Du hattest dich doch nur bemüht Monas Handy zu finden. Was war falsch daran?"
Sara:	"Eigentlich nichts, es ist nur unglücklich gelaufen."
Melanie:	"Siehst du? *(Pause)* Und schau nach vorne und nicht mehr zurück. Glücklich ist, wer vergisst, was nicht mehr zu ändern ist. *(Pause)* Komm, ich lade dich zu einer Cola ein."
Sara:	"Wir sind schon ein eigenartiges Team. Du hast dir eine Strafarbeit besorgt und ich in meiner ersten Woche einen Verweis. Das ist schon eine reife Leistung."
Melanie:	"Jetzt gefällst du mir schon viel besser. Und wenn die anderen dich nicht so cool finden, dann denke daran, dass es auf die inneren Werte ankommt und nicht auf das Äußere. (Pause) Hast du übrigens bemerkt, wie dich Jan vorhin angeschaut hat? Aber nun lass uns endlich gehen."

Beide gehen weg. Vorhang zu.

Szene 4

Vorhang auf.

Der Aufenthaltsraum ist leer.

Angelika kommt von rechts auf die Bühne und Sara von links. Angelika trägt einen Karton mit Gerümpel.

Angelika: "Sara, du brauchst nicht mehr auf den Dachboden zu gehen. Melanie bringt gleich die letzte Kiste mit Gerümpel."

Sara: "Gott sei Dank. Nicht nur die Plackerei, sondern das auch noch am Wochenende wo alle anderen zu Hause oder sonst wo unterwegs sind."

Melanie kommt mit einer Kiste mit Gerümpel (mit einem Bild dabei) von rechts.

Melanie: "Das war's. Noch einmal vielen Dank, dass ihr mir geholfen habt."

Angelika: "Das ist doch das Mindeste, das ich für dich tun kann."

Sara: "Was ist denn das für ein Bild in der Kiste?"

Sara geht zu Melanie und nimmt das Bild heraus.

Sara: "Das scheint ein altes Bild von diesem Internat zu sein."

Angelika: "Zeig mal! *(Pause)* Das ist ja toll. Das können wir doch nicht einfach wegwerfen."

Melanie stellt die Kiste ab und betrachtet das Bild.

Melanie: "Tatsächlich unser Internat. Nein, das sollten wir irgendwo aufhängen."

Angelika: "Am besten hier im Aufenthaltsraum."

Melanie: "Dort drüben; das ist der passende Platz."

Angelika: "Ja!"

Sara: "Müssen wir denn nicht erst fragen ob wir das Bild hier aufhängen dürfen?"

Melanie: "Wer viel fragt, bekommt viele Antworten. Du kennst doch die Direx."

Sara: "Inzwischen leider."

Melanie: "Ich weiß, wo Hammer und Nägel sind. Ich hole sie."

Melanie geht weg, kurz danach auch Angelika. Wenig später kommt Jan.

Jan: "Hallo Sara."

Sara: "Hallo Jan. Was machst du denn hier? Ich dachte alle anderen wären weg. Willst du denn gar nicht nach Hause?"

Jan: "Eigentlich schon, aber ich musste etwas erledigen."

Sara: "Es ist ja erst Samstag, dann kannst du ja morgen noch nach Hause."

Jan: "Nein, ich muss morgen auch noch etwas erledigen."

Sara: "Was ist denn so wichtig?"

Jan: "Verschiedenes. *(Pause)* Übrigens, das mit Anne fand ich ziemlich gemein. Eigentlich ist Anne nicht übel. Weißt du, ich war eine Zeit lang mit ihr befreundet. Vielleicht war es bei ihr eine Art Eifersucht. Sie war damals schon immer sehr eifersüchtig. *(Pause)* Inzwischen bin ich über die Trennung hinweg und das ist auch besser so."

Melanie kommt mit einem Hammer.

Melanie: "Ich habe alles gefunden. Jetzt können wir das Bind aufhängen."

Melanie geht zur Wand und will den Nagel einschlagen. Der Nagel fällt ihr dabei runter und sie hebt ihn wieder auf.

Melanie: "Ups!"

Jan geht zu Melanie.

Jan:	"Komm, lass mal einen richtigen Mann ran. Ich habe mehr Übung darin."
Melanie:	"Das mit dem richtigen Mann glaube ich noch nicht, aber hier."

Melanie gibt Jan Hammer und Nagel und Jan will den Nagel hineinschlagen. In diesem Augenblick betritt Angelika die Bühne.

Angelika:	*(schreit laut)* "Nein!"

Jan schlägt sich vor Schreck auf den Daumen.

Jan:	"Auuuuu !"
Melanie:	"Das hätte ich aber besser gemacht."
Jan:	"Angelika, warum hast du mich so erschreckt?"
Angelika:	"Entschuldigung, das war keine Absicht. Ich habe nur gerade entdeckt, dass ich meine Hose zerrissen habe."
Sara:	"Zeig mal. *(Pause)* Mist! *(Pause)* Jan, und du zeig mir einmal deinen Daumen."

Sara schaut sich Jans Daumen an.

Sara:	"Das solltest du unbedingt kühlen. Komm mit."

Sara und Jan gehen hinaus.
Melanie nimmt Hammer und Nagel und schlägt den Nagel ein.

Melanie: "Selbst ist die Frau!"

Angelika hängt das Bild auf.

Angelika: "Auf das es ewig hier hänge!"

Vorhang zu.

Szene 5

Der Vorhang geht nur ein Stück auf. Sara kommt von der Seite vor den Vorhang. Kurz danach kommt Melanie durch den Spalt des Vorhangs gelaufen.

Melanie: "Gut, dass ich dich hier finde, Sara. Unser Bild ist weg!"

Sara: "Du meinst das Bild vom Internat, dass wir gefunden haben?"

Melanie: "Genau das. Als ich vorhin dort vorbei kam war es weg."

Sara: "Das will ich mir anschauen."

Sara und Melanie gehen durch den Spalt im Vorhang zu der Stelle, wo das Bild hängt. Der Vorhang geht dabei auf.

Sara: "Meinst du dieses Bild? Das hängt doch hier."

Melanie: "Das glaube ich nicht. Das Bild war vorhin weg. Ich spinne doch nicht?"

Sara schaut sich um und hebt einen umgefallenen Hocker auf. Unter dem Hocker liegt eine Plastiktüte von Budnikowsky. Sara schaut sich die Tüte an.

Sara: „Ich glaube nicht, dass du schon an Alzheimer leidest. Kombiniere: Der Dieb hat das Bild in der Zwischenzeit wieder zurück gebracht. Dazu hat er diese Plastiktüte verwendet. Aber irgendwie wurde er gestört und ist schnell weggelaufen. Dabei hat er den Stuhl umgeworfen und die Tüte vergessen."

Melanie: „Aber wer war es und vor allem, warum hat er das gestohlene Bild wieder zurück gebracht?"

Sara: „Ein interessanter Fall. Wir werden das schon klären."

Melanie: „Wie willst du denn das herausbekommen?"

Sara: „Einen Anhaltspunkt haben wir ...."

Sara zieht einen Kassenbon aus der Plastiktüte.

Sara: „... der Täter hat Duschmittel und ein ungewöhnliches Deo gekauft. Das könnte genügen."

Jan betritt die Bühne.

Jan: „Hallo, was macht ihr denn hier? Bewundert ihr immer noch das Bild?"

Sara: „Nein, aber jemand anderes scheint das Bild sehr zu mögen. Du auch?"

Jan: „Bilder bedeuten mir weniger als Menschen und einige mag ich besonders."

Sara: „So, wen zum Beispiel?"

Anne kommt hinzu und stellt sich mit dem Rücken zu Sara.

Anne: „Hi, Jan. Hast du Lust heute Abend mit mir ins Kino zu gehen? Es gibt einen tollen Film und es ist garantiert kein doofer Sherlock Holmes."

Jan: „Nein. Erstens habe ich heute Abend keine Zeit und zweitens läuft zwischen uns sowieso nichts mehr; jedenfalls von mir."

Anne: „Du musst es ja wissen."

Jan geht weg.

Vorhang zu.

Szene 6

Vorhang auf.

Die Bühne ist dunkel. Jemand (Jan mit einem Anorak bekleidet) schleicht in Richtung des Bildes und verursacht dabei ungewollt Lärm. Die Tür von Melanies Zimmer geht auf und Melanie schaut vorsichtig heraus.

Melanie: „He, was machst du dort?"

Der andere erschrickt sich und läuft davon. Melanie läuft hinterher.

Melanie: „Halt! Bleib stehen!"

Melanie bleibt stehen und geht dann ins Zimmer zurück.

Melanie: *(aus dem Zimmer)* „Sara, wach auf. Jemand wollte unser Bild stehlen.!

Sara: *(verschlafen)* „Es ist doch mitten in der Nacht."

Melanie: „Ja und? Komm!"

Melanie und Sara kommen aus dem Zimmer.

Sara: „Was ist denn los?"

Melanie:	„Ich hatte Geräusche gehört und habe vorsichtig nachgeschaut. Da habe ich gesehen, wie jemand in Richtung Bild ging. Dann hat er mich bemerkt und ist weggelaufen. Ich bin mir sicher, dass er das Bild genommen hätte wenn ich nicht dazwischen gekommen wäre."
Sara:	„Wie sah er denn aus? Immerhin scheint die Person gemäß deiner Schilderung männlich zu sein."
Melanie:	„Richtig! Aber ich habe ihn in der Dunkelheit nicht richtig erkennen können. Auf jeden Fall trug er einen dunklen Anorak und wahrscheinlich Jeans. Einen Moment lang glaubte ich Jan zu erkennen, aber dann auch wieder nicht. Nein, ich weiß keine weiteren Einzelheiten."
Sara:	„Schade. Eines finde ich allerdings merkwürdig. Du sagtest, dass er mit einem Anorak bekleidet war?"
Melanie:	„Ja, und da bin ich mir ganz sicher."
Sara:	„Warum sollte denn hier im Internat jemand einen Anorak an haben? Du läufst ja auch nicht mit einem Mantel in deinem Zimmer herum."
Melanie:	„Vielleicht war es ein Einbrecher. Der kam dann von draußen."
Sara:	„Denkbar, aber unwahrscheinlich. Erstens, warum sollte jemand in unser Internat einbrechen wollen? Zweitens muss er sich hier gut ausgekannt haben wenn er ohne Taschenlampe durch die Räume ging. Und drittens, warum ging er

zielstrebig zu diesem Bild? Als Einbrecher würde ich dahin gehen, wo ich Wertgegenstände vermute, also zum Beispiel würde ich ins Büro einbrechen. Nein, es muss jemand aus dem Internat gewesen sein. Aber warum trug er einen Anorak? *(Pause)* Na egal. Dann versuchen wir etwas anderes. Vielleicht versucht der Dieb es noch einmal und dann identifizieren wir ihn."

Melanie: „Willst du hier etwa die ganze Nacht verbringen?"

Sara: „Nein. Ich habe eine viel bessere Idee. Ich brauche nur eine Minute."

Sara läuft in ihr Zimmer und kommt kurz darauf mit eine Videokamera zurück.

Sara: „Zufällig habe ich die Videokamera von meinem Onkel dabei. Die kann man einstellen, dass sie nur alle paar Sekunden ein Bild macht. Außerdem macht dieses Teil auch bei Dunkelheit noch gute Bilder."

Sara versteckt die Kamera so, dass der Raum damit überwacht werden kann.

Sara: „So, und jetzt lass uns endlich schlafen gehen. Die Kamera wird für uns alles beobachten."

Beide gehen in ihr Zimmer. Nach einigen Sekunden huscht jemand durch den Raum und der Vorhang geht zu.

Szene 7

Vorhang auf.

Der Aufenthaltsraum ist leer.
Sara und Melanie kommen aus ihrem Zimmer und gehen Richtung Bild. Melanie bleibt ganz plötzlich stehen.

Melanie: „Das Bild ist weg!"

Sara: „Das gibt's doch nicht. So schnell habe ich es nicht erwartet."

Melanie: „Aber Dank deiner genialen Idee haben wir jetzt den Dieb. Lass uns schauen, was auf dem Video ist."

Sara geht zum Versteck der Videokamera.

Sara: „Scheiße, die Videokamera ist weg."

Melanie: „Ist sie vielleicht runter gefallen?"

Sara durchsucht die Gegend. Anne kommt etwas in den Raum, bleibt stehen und beobachtet die Szene. Melanie hilft Sara beim Suchen.

Sara: „Mist, die Kamera ist wirklich weg. Der Dieb muss sie gefunden und gestohlen haben."

Anne geht vorbei.

Anne:	*(zu Sara)* „Oh, vermisst du etwas? Vielleicht solltest du lieber besser auf deine Sachen aufpassen. *(Pause)* Ach nein, ein echter Sherlock Holmes löst ja jeden Fall und wird ganz schnell alles wiederfinden. Viel Spaß."

Anne geht aus dem Raum.

Melanie:	„Diese Zicke hat beides geklaut um dich zu schikanieren."
Sara:	„Möglich, aber wie sollen wir das beweisen?"
Melanie:	„Du musst zur Direx."
Sara:	„Damit ich noch eine Abmahnung bekomme und von der Schule fliege? Nein Danke!
Melanie:	„Mist, daran habe ich nicht gedacht.!
Sara:	„Das Schlimme ist, dass die Kamera nur geliehen war und ich nicht das Geld habe den Schaden zu ersetzten."
Melanie:	„Doppelter Mist.
Sara:	„Das kannst du laut sagen."
Melanie:	„Und was machen wir jetzt?
Sara:	„Ich werde zuerst am schwarzen Brett einen Zettel aufhängen und einen hohen

	Finderlohn aussetzten. Wenn zum Beispiel Anne die Kamera gestohlen hat um mir einen auszuwischen, dann lässt sie sich vielleicht darauf ein, sagt, sie hätte die Kamera gefunden und gibt sie mir zurück."
Melanie:	„Und das gestohlene Bild?"
Sara:	„Hier gehen wir jetzt der ersten Spur mit der zurückgelassenen Plastiktüte nach."

Jan kommt in den Raum.

Jan:	„Hallo, was macht ihr denn für eine traurige Mine?"
Sara:	„Das Bild ist gestohlen worden."
Melanie:	„Und außerdem hat Sara ihre Videokamera verloren."
Jan:	„So ein Mist!"
Sara:	Ja. *(Pause)* Jan, du siehst richtig müde aus."
Jan:	„Merkt man das? Ja, ich bin gestern wieder spät ins Bett gekommen."
Sara:	„Wo treibst du dich denn eigentlich immer rum?"
Jan:	„Ach, das ist eine lange Geschichte. Ich muss sie dir irgendwann einmal erzählen. *(Pause)* Aber was ich noch sagen

	wollte, kennt ihr das Gerücht, dass unser Internat fast pleite sein soll?"
Melanie:	„Nein!"
Sara:	„Bloß das nicht noch."
Jan:	„Wenn das stimmt, dann könnte es sein, dass es bald geschlossen wird."
Melanie:	„Das wäre eine Katastrophe."
Sara:	„Melanie, schau dir einmal Jan's Anorak an. Kommt er dir irgendwie bekannt vor?"
Melanie:	„Wenn du das meinst, das ich meine, dann könnte es der Fall sein."
Jan:	„Wovon sprecht ihr?"
Sara:	„Melanie glaubt, dich gestern Nacht hier gesehen zu haben."
Jan:	„Da hat sich Melanie bestimmt geirrt. *(Pause)* Ich muss aber jetzt weiter. Ach so, Sara, hast du nicht Lust am Wochenende mit mir ins Kino zu gehen?"
Sara:	„Vielleicht."
Jan:	„Ich interpretiere das vielleicht einmal als ja. *(Schaut auf seine Uhr)* Ich muss jetzt aber wirklich los."
Sara:	„Tschüss."
Jan geht.	

Melanie: „Ich habe noch einmal intensiv versucht mich zu erinnern. Ich glaube doch nicht, dass es Jan war den ich letzte Nacht gesehen habe."

Sara: „Ich glaube es aber schon. Ist dir nicht aufgefallen, dass er nicht direkt widersprochen hat? Aber ob er es auch wirklich war, das bekomme ich noch heraus."

Vorhang zu.

Szene 8

Vorhang auf.

Mehrere Schüler befinden sich im Aufenthaltsraum. Melanie und Sara stehen ganz vorne auf einer Seite der Bühne.

Sara: „So, jetzt wollen wir versuchen herauszubekommen, welcher Knabe das Bild gestohlen hat."

Melanie: „Wie willst du das machen? Und woher weißt du überhaupt, dass der Dieb männlich ist? Könnte es nicht auch Anne gewesen sein? Der traue ich das zu!"

Sara: „Ganz einfach: erinnerst du dich noch an die Einkaufstüte in der der Dieb beim ersten Mal das Bild zurück gebracht hat und die er zurück gelassen hat? Was enthielt die Tasche?"

Melanie: „Nichts, sie war doch leer."

Sara: „Denk einmal genau nach."

Melanie: „Die war doch leer.... Warte mal, da war doch ein Einkaufsbon drin."

Sara: „Bingo! Vom Bon kann man entnehmen, dass der Dieb ein nicht sehr gebräuchliches Deo gekauft hat. Und rate einmal, was ich hier habe?"

Sara zeigt Melanie ein Deospray. Dann sprayt sie sich etwas davon auf die Hand und riecht daran.

Sara: „So muss der Dieb duften."

Sara hält Melanie ihre Hand unter die Nase.

Melanie: „Nicht schlecht."

Sara: "Meinst du das Deo oder meine Idee?"

Melanie: "Beides. Aber willst du dich jetzt an alle Jungs heranpirschen und sie beschnuppern?"

Sara: "Für diesen Punkt habe ich leider noch keine gute Lösung. Wir müssen irgendwie einen plausiblen Grund dafür finden."

Melanie: "Außerdem möchte ich immer noch nicht ausschließen, dass Anne irgendwie ihre Finger im Spiel hat. Wäre es nicht denkbar, dass Anne das Deo gekauft und einem Jungen geschenkt hat?"

Sara: "Denkbar schon, aber eher unwahrscheinlich. Genauso gut könnte jemand auch absichtlich eine falsche Spur gelegt haben. *(Pause)* Alles ist so kompliziert."

Melanie: "Na dann viel Spaß beim Jungs beschnuppern."

Jan kommt zu Sara und Melanie.

Jan: "Hi, was für ein Glück, euch wieder zu treffen."

Sara schnuppert.

Sara: "Was hast du für ein tolles Deo? Ist es Extentions von Prime?"

Jan: "Wow. Holmes, du bist wirklich gut! Alle Achtung. Dieses Deo ist nämlich nicht sehr bekannt."

Sara: "Ich weiß. Das macht unser Indiz umso wertvoller. Der Dieb, der das Bild gestohlen hatte benutzt nämlich genau dieses Deo."

Jan: "Aber am Bild können doch keine Duftspuren gewesen sein. Woher weißt du das denn?"

Sara: "Weil der Dieb eine Einkaufstüte mit einem Kassenbon zurück gelassen hat. Und dem Bon konnte ich entnehmen, dass er Extentions gekauft hat."

Jan: "Holmes, Sie sind wirklich gut. Ja, ich gestehe: ich hatte mir das Bild ausgeliehen, aber ich habe es kurz danach auch wieder zurück gebracht."

Melanie: "Du gibst also den Diebstahl zu?"

Jan: "Diebstahl ist das falsche Wort, weil ich das Bild doch gleich wieder zurück gebracht habe."

Melanie: "Das Bild ist doch jetzt weg!"

Jan:	"Davon weiß ich nichts und damit habe ich auch nichts zu tun."
Sara:	"Warum hattest du dir denn das Bild ausgeliehen?"
Jan:	"Das ist eine Geschichte, über die ich eigentlich nicht sprechen möchte."
Melanie:	"Wie sollen wir dir denn glauben?"
Jan:	"Na gut. Aber ihr müsst zuerst schwören, dass ihr niemandem davon erzählt. Außerdem dürft ihr mich deshalb nicht verachten."
Sara:	"Ich schwöre, dass ich es nicht weiter erzählen werde."
Melanie:	"Ich schwöre es auch."
Jan:	"Mein Vater ist ein fanatischer begnadeter Maler. Ich denke, dass er genau so gut ist wie die alten Meister. Leider lässt sich mit diesem altmodischen Stil kein Geld verdienen. Mein Vater lebt auch gerne von Wasser und trockenem Brot, wenn er nur malen kann. Aber er konnte es nicht mit ansehen, dass es auch seiner Familie schlecht geht und deshalb hat er dummerweise ein Bild mit dem Namen Rembrandt signiert. Kunstkenner sagen, dass dieses Bild besser ist als es Rembrandt gemalt hätte. Aber Betrug ist Betrug und nun sitzt er im Gefängnis. Vielleicht habt ihr vor ungefähr einem Jahr davon in der Zeitung gelesen. Sein Künstlername ist Michael Vincent. Warum erzähle ich euch das? Ich erzähle es deshalb, damit ihr besser versteht

dass ich ein ausgezeichneter Kenner der alten Malerei bin und dass ich mich nur im Verborgenem damit beschäftige. Wenn man der Sohn von so einem begeisterten Maler ist, dann wird man zwangsläufig davon angesteckt."

Sara: „Bist du deshalb auch so oft in der Bibliothek?"

Jan: „Genau. Unsere Bibliothek kann Bücher von anderen ausleihen und ich kann sie hier lesen."

Melanie: „Aber warum hast du denn das Bild genommen?"

Jan: „Weil ich es untersucht habe. Es ist tatsächlich etwas wertvoll. Ein sehr bekannter Maler aus dieser Gegend muss es während des letzten Krieges gemalt haben. Ich habe es natürlich nach der Untersuchung wieder zurück gehängt."

Sara: „Du wolltest aber in der einen Nacht noch einmal zu dem Bild?"

Jan: „Genau. Bei der ersten Untersuchung war mir etwas sehr merkwürdiges aufgefallen. Das hat mir einfach keine Ruhe gelassen und ich wollte es noch einmal überprüfen."

Sara: „Was war es denn?"

Jan: „Es war die Struktur der Oberfläche. Ich habe lange darüber nachgedacht. Es ist möglich, dass das Bild über ein anderes gemalt wurde. *(Pause)* Aber jetzt ist es weg und wir werden es niemals erfahren."

Sara: „Könnte es sein, dass das Bild wegen seines Wertes gestohlen wurde?"

Jan: „Möglich, aber dann muss der Dieb ein Kunstkenner sein."

Melanie: *(zu Sara)* „Warum kaufst du Jan das eigentlich alles ab? Schließlich hat er zugegeben das Bild entwendet zu haben, wenn auch nur kurzzeitig. Außerdem hat er zugegeben, dass er in der Nacht das Bild erneut entwenden wollte. Und schließlich hat er ein Motiv: er kennt den Wert des Bildes und kann das Geld gut gebrauchen. Bestimmt hat er auch kein Alibi."

Jan: „Ja, es stimmt alles was du sagst bis auf einen Punkt: ich habe das Bild kein zweites Mal entwendet. Und ein Dieb bin ich schon lange nicht!"

Melanie: „Es spricht alles gegen dich."

Jan: „Ich weiß. Und zudem sitzt mein Vater noch im Gefängnis, da kann der Sohn ja auch nicht besser sein. *(Pause)* Letzten Endes läuft es auf eine Frage des Vertrauens hinaus. Sara, glaubst und vertraust du mir?

Sara: *(Pause)* „Ja, ich vertraue dir, Jan. *(Pause)* Und das mit deinem Vater tut mir Leid, sowohl für dich als auch für deinen Vater."

Jan: „Danke."

Melanie:	„Und was ist mit Jans häufigen '**Erledigungen**'?"
Sara:	„Ich glaube, dass ich das schnell klären kann. Jan, du malst doch nicht hier im Internat, stimmt das?"
Jan:	„Ja, ich will das ganze Thema Malerei hier heraushalten."
Sara:	„Einige winzige Farbspritzer auf deinen Schuhen verraten mir, dass du trotzdem manchmal malst. Und da du dir ein paar Sachen leisten kannst, erhältst du Geld dafür. Stimmt das?"
Jan:	„Ja, es stimmt. Es gibt hier im Ort einen berühmten Restaurator den ich durch meinen Vater kenne. Ich helfe ihm. Aber das darf auf keinen Fall herauskommen. Zum einen nicht hier im Internat, weil solche Arbeit verboten ist und auch nicht bei den Kunden des Restaurators, weil sie glauben, dass ein großer Meister ihr Bild restauriert."
Sara:	„Keine Angst, in diesem Punkt kannst du **mir** vertrauen."
Melanie:	„Ich werde auch nichts verraten, obwohl ich noch nicht von allem restlos überzeugt bin. Übrigens, das mit deinem Vater tut auch mir Leid."

Jan seufzt.

Melanie:	„Aber wer hat dann das Bild gestohlen?"

Anne kommt vorbei.

Anne: „Hallo Jan, was machst du denn hier mit diesen beiden Loosern? Malst du ihnen ein neues Bild, jetzt wo das alte weg ist?"

Anne geht weiter.

Jan: „Äh, nein."

Sara: „Ich dachte, niemand hier im Internat weiß dass du malst."

Jan: Eigentlich schon, aber ich habe Anne davon erzählt; damals, als wir noch befreundet waren."

Melanie: „Du sagtest vorhin aber **niemand**."

Jan: „Es tut mir Leid, ich hatte nicht daran gedacht."

Melanie: „An wen hast du außerdem nicht gedacht? Und vor allem, woher wusste Anne, dass das Bild gestohlen wurde?"

Vorhang zu.

Szene 9

Die folgende Szene spielt vor dem Vorhang.

Zwei Jugendliche stehen an einer Ecke, die Kapuzen so tief ins Gesicht gezogen, dass man sie nicht erkennt. Anne kommt vorbei. Plötzlich hält der eine Anne von hinten fest. Der andere macht sich an Ihrer Handtasche zu schaffen. Sara kommt zufällig vorbei, bleibt in weiter Entfernung stehen und beobachtet aus einer Deckung das Geschehen.

Jugendlicher 1: „Wer so aussieht, hat bestimmt ein geiles Handy. Schieb's schon rüber oder soll ich dir erste eine knallen?"

Jugendlicher 2: „Ja, und etwas Kleingeld könnten wir auch noch gebrauchen. Du hast doch was?"

Jugendlicher 1: „Wenn ich dich so betrachte, dann bist du ja eine ganz süße. Komm gib mir einen Kuss!"

Der Jugendliche versucht Anne zu küssen. Sie versucht dem zu entgehen. Es kommt zu einem ungleichen Kampf, weil sie ja von dem anderen Jugendlichen festgehalten wird.

Sara: „Anne wird überfallen. Ich könnte ihr helfen. Aber auf der anderen Seite brauche ich nur weg zu schauen. Es ist ganz einfach, ich brauche nur weg zu schauen …"

Jugendlicher 2: „Ich will sie auch küssen und vielleicht noch etwas streicheln und …."

Sara: „Nein, auch wenn Anne meine Feindin ist, sie braucht jetzt meine Hilfe."

Sara läuft auf die beiden Jugendlichen zu.

Sara: „Halt. Sie hat euch nichts getan. Lasst Sie in Ruhe!"

Jugendlicher ein zieht ein Messer und säubert mit der Spitze demonstrativ seine Fingernägel.

Jugendlicher 1: „Willst du mit uns Ärger haben? Verpiss dich lieber .... Oder wenn ich es mir so recht überlege, komm doch lieber näher zu uns ...."

Sara geht auf die Jugendlichen zu.

Sara: „Wollt ihr vielleicht auch mein Handy haben? Ich habe gerade damit die Polizei gerufen. Nehmt es doch, dann könne sie euch besser orten."

Jugendlicher 2: „Das wird mir zu gefährlich. Komm lass uns verschwinden."

Jugendlicher 1: „Du hast wohl Angst, das ist doch nur ein Bluff."

Eine Sirene erklingt in der Ferne.

Jugendlicher 2: „ Die Bullen, los weg!"

Jugendlicher 2 lässt Anne los und entfernt sich.

Jugendlicher 1: „Ich habe mir eure Gesichter gemerkt. Wenn ich euch wiedersehe, dann mache ich euch platt."

Auch Jugendlicher 1 entfernt sich.

Sara: „Puh, das ist gerade noch einmal gut gegangen."

Anne: „Aber du hast doch gar kein Handy."

Sara: „Ja und?"

Anne: „Und du hast mir geholfen, wo ich immer so gemein zu dir gewesen bin? Du hast dein Leben für mich riskiert? Du hättest doch ganz einfach nur nicht hinschauen brauchen, es wäre doch ganz einfach gewesen und du hättest deine Rache gehabt."

Sara: „Wenn ich ganz ehrlich sein soll, ich habe einen ganz kleinen Augenblick daran gedacht. Doch du hast meine Hilfe gebraucht. Und das war wichtiger."

Anne: „Danke. Es tut mir leid, wie ich zu dir war. Ich habe mich scheußlich benommen. Kannst du mir verzeihen?"

Sara: „Können wir vielleicht Freunde werden?"

Anne: „Nein, das ist unmöglich. Allein, wie würde ich vor meinen Freunden dastehen? Aber ich werde dich zukünftig in Ruhe lassen und dafür Sorgen, dass auch meine Freunde dir nichts tun."

Sara: „Danke!"

Anne: „Noch eine Frage, woher kam die Sirene?"

Sara: „Keine Ahnung."

Vorhang zu.

Szene 10

Vorhang auf.

Melanie und Sara gehen zu dem Platz, wo das Bild hing.

Sara: „Lass uns diese Ecke noch einmal durchsuchen, vielleicht finden wir etwas."

Beide suchen, plötzlich findet Melanie etwas.

Melanie: „Schau mal, ich habe eine Geldbörse gefunden."

Sara: „Das gibt es doch nicht."

Melanie zeigt Sara die Geldbörse.

Melanie: „Untersuche du sie lieber."

Sara schaut sich die Geldbörse zuerst von außen an, dann öffnet sie sie vorsichtig.

Sara: „Reich scheint der Besitzer nicht zu sein. Kaum Geld, aber jede Menge an Zetteln."

Sara zieht einen hervor und entfaltet diesen.

Sara:	„Oh, ein Schreiben an Anne."
Melanie:	„Ist es Annes Geldbörse? Diese Schlange. Ich habe es gleich gewusst, dass sie das Bild gestohlen hat."
Sara:	„Vielleicht. Dieses Schreiben ist außerordentlich interessant. Es kommt von der Jugendbehörde. (*Pause*) Oh, dass ist krass ..."
Melanie:	„Nun spann mich nicht auf die Folter. Los, sag, was steht drin?"
Sara:	„Es ist mir schon peinlich, dass ich es gelesen habe. Ich sollte es nicht weiter erzählen."
Melanie:	„Ich bin doch deine beste Freundin und ich kann Geheimnisse für mich behalten."
Sara:	„Ich weiß, aber glaube mir, es ist für alle besser, wenn du es nicht weißt."
Melanie:	„Vertraust du mir oder nicht?"
Sara:	„Ja, aber es ist wirklich extrem."

Anne kommt in den Raum.

Anne:	„Hallo, hat jemand meine Geldbörse gesehen? Ich vermisse sie."
Sara:	Ja ..."
Anne:	„Ah, da ist sie ja."

Melanie: "Wir haben sie gerade gefunden."

Anne: (*entsetzt*) "Aber du liest ja meinen Brief!"

Melanie: "Wir haben nur versucht herauszubekommen, wem die Geldbörse gehört."

Anne entreißt Sara das Blatt Papier.

Anne: "Dieses hast du gelesen?"

Sara: "Leider ja, es tut mir leid. Es war keine Absicht."

Anne (*wütend*) "Na, dann wird ja morgen die ganze Schule wissen, dass meine Eltern Alkoholiker sind und dass die Direx mein Vormund ist. Da kann ich mich lieber gleich umbringen!"

Melanie: "Das ist ja krass."

Sara: "Keine Panik. Von uns wird es niemand erfahren. Ich habe das wirklich nicht wissen wollen und mir wäre sehr viel wohler, wenn ich das auch nie erfahren hätte. Es tut mir leid, es tut mir von Herzen leid für dich."

Sara gibt Anne die Geldbörse.

Sara: "Nun wein doch nicht. Sieh es positiv: da ich es jetzt weiß, kannst du bei Kummer mit mir frei darüber reden. Vielleicht nimmt dir das etwas von deiner Last."

Anne: „Danke. Und das schon zum zweiten Mal. Wo habt ihr die Geldbörse denn gefunden?"

Melanie: „Ich habe sie hier drunter gefunden. Wir haben noch einmal nach Spuren bezüglich des gestohlenen Bildes gesucht. (*Pause*) Vielleicht ist die Geldbörse eine Spur zum Täter. Warst du es?"

Anne: „Ich gebe zu, dass ich einmal kurz mit dem Gedanken gespielt hatte euch eins auszuwischen und das Bild zu entwenden. Aber ich war es nicht. Ich war es wirklich nicht."

Melanie: „Warum sollten wir dir trauen?"

Sara: „Ich bin mir sicher, dass Anne uns nicht mehr belügt."

Melanie: „Wo sie dir soviel angetan hat?"

Sara: „Das ist Vergangenheit. Anne wird mich nicht mehr belügen."

Anne: „Danke, dass du mir glaubst."

Melanie: „Sara, dein Wort in Gottes Ohr."

Sara: „Amen. (*Pause*) Anne, du bekommst viel mit. Hast du eine Idee, wo das Bild sein könnte?"

Anne: (*denkt nach*) „Eigentlich nicht. Aber wo ich darüber nachdenke, fallen mir doch ein paar Dinge ein, die ein bisschen merkwürdig sind. Vielleicht solltet ihr euch einmal mit Torben befassen. Aber es ist alles so vage, dass ich nicht mehr dazu sagen möchte. Übrigens, Torben ist ein hübscher und charmanter Junge; ihr werdet es so oder so nicht bereuen wenn ihr euch mit ihm beschäftigt. So, jetzt muss ich aber weiter. Noch einmal vielen Dank."

Anne geht weg.

Melanie: „Das war wirklich extrem krass. Aber irgendwie traue ich der Schlange trotzdem nicht."

Sara: „Aber ich. (*Pause*) Was weißt du von Torben?"

Melanie: „Er wohnt zusammen mit Jan in einem Zimmer und Anne hat sicher Recht wenn sie ihn als hübsch und charmant bezeichnet. Aber ich mache mir, im Gegensatz zu Anne, nichts aus solchen Jungs."

Sara: „Vielleicht solltest du aber jetzt deine Einstellung dazu ändern."

Vorhang zu.

Szene 11

Vorhang auf.

Mehrere Schüler befinden sich im Aufenthaltsraum; Sara ist auch dabei. Melanie kommt von der Seite auf die Bühne und bleibt stehen. Sara kommt zu ihr.

Melanie: „Es tut mir leid, aber ich habe nichts heraus bekommen. Torben ist nicht besonders aufgefallen und gestern und heute scheint ihn niemand gesehen zu haben."

Sara: „Schon gut, es ist doch nicht deine Schuld."

Melanie: „Schau mal, da kommt Jan. Vielleicht kann er uns helfen."

Jan kommt zu Sara.

Melanie: „Hallo Jan."

Jan: „So ein Zufall, schon wieder treffe ich euch. Sara, hast du noch einmal über das Kino nachgedacht?"

Sara: „Ja."

Jan: „Ja, nachgedacht oder ja dafür, dass du mitkommst?"

Sara: „Beides. (*Pause*) Jan, du musst uns helfen. Wir haben einen Hinweis erhalten, dass Torben etwas mit dem verschwun-

	denen Bild zu tun haben könnte. Hältst du das für möglich?"
Jan:	„Da müsst ihr schon Torben selber fragen."
Melanie:	„Das ist das nächste Problem, wir können ihn nicht finden."
Jan:	„Es ist merkwürdig, ich habe Torben seit gestern Vormittag auch nicht gesehen. Er war über Nacht nicht im Zimmer. Ich wollte gerade zur Direktorin gehen und es melden. Es muss etwas passiert sein, ich mache mir große Sorgen."
Melanie:	„Vielleicht ist er einfach mit dem Bild abgehauen, es ist ja wertvoll."
Jan:	„Nein, das passt nicht zu Torben. Und außerdem, woher soll er wissen, dass das Bild wertvoll ist? Ihm muss irgendetwas passiert sein."

Anne kommt in den Aufenthaltsraum und geht zu Jan.

Anne:	"Hallo Jan. Sag mal, hast du Torben gesehen? Er ist wie vom Erdboden verschwunden."
Jan:	"Ich weiß, ich wollte deshalb gerade zur Direx."
Sara:	"Klar, aus formalen Gründen müssen wir der Direktorin unbedingt sein Verschwinden mitteilen. Aber ich glaube nicht, dass wir Torben dadurch finden."

Melanie: "Bestimmt nicht, aber was sonst können wir tun?"

Sara: "Anne, warum meinst du, dass Torben irgendetwas mit dem Bild zu tun haben könnte? Du musst es uns jetzt sagen, selbst wenn alles nur vage Spekulation ist. Torben kann in großer Gefahr sein."

Anne: "Na gut. Torben interessiert sich sehr für die Geschichte dieses Internats. Er liest dazu auch viel in der Bibliothek. So hat er herausgefunden, dass dieses Gebäude einmal ein Herrenhaus war."

Melanie: "Und was hat das alles mit dem Bild zu tun?"

Anne: "Nur Geduld. In einem alten Tagebuch hat er gelesen, dass Ende des letzten Weltkrieges in diesem Haus ein Schatz versteckt worden sein soll und der Schlüssel dazu ein Bild ist."

Melanie: "Daher weht also der Wind."

Anne: "Torben ist ein aufrichtiger Typ. Ich glaube nicht, dass er ein Bild klaut."

Sara: "Jan, könnte Torben das Bild bei dir gesehen haben? Schließlich wohnt ihr zusammen in einem Zimmer."

Jan: "Nein, ausgeschlossen."

Sara: "Es muss aber eine Verbindung geben. Nur dann macht alles einen Sinn. Jan, denke noch einmal genau nach."

Jan:	"Mir fällt doch noch etwas ein. Torben hat mich bezüglich des Bildes angesprochen, weil es dieses Gebäude zeigt und ich glaube, dass ich Torben gegenüber erwähnt habe, dass ich den Untergrund dieses Bildes eigenartig finde."
Anne:	"Der Schlüssel zum Schatz soll doch ein Bild sein. Handelt es sich dabei um dieses Bild?"
Melanie:	"Genau!"
Sara:	"Jan, sagtest du nicht einmal, dass es für dich so aussah, als ob das Bild über ein anderes gemalt sein könnte?"
Jan:	"Es klingt unwahrscheinlich, aber anders kann ich mir die Struktur nicht erklären."
Sara:	"Nehmen wir einmal an, das würde zutreffen und Torben hätte das herausgefunden. Was würde er dann machen?"
Jan:	"Er müsste das ursprüngliche Gemälde freilegen. Das bedeutet, dass er das alte Bild zerstören müsste."
Sara:	"Und dazu müsste er das Bild entwenden. Was, wenn er dadurch den Ort des Schatzes gefunden hat?"
Anne:	"Er würde dorthin gehen und den Schatz suchen. Das passt zu Torben."
Melanie:	"Und wenn er den Schatz gefunden hat, dann würde er damit verschwinden!"
Anne:	"Nein, das passt absolut nicht zu Torben."

Melanie: "Woher willst du das wissen?"

Anne: "Weil ich seit ein paar Wochen heimlich mit Torben zusammen bin."

Sara: "Torben ist nicht mit dem Schatz verschwunden. Sonst hätte er sicher ein paar Sachen zusammengepackt und mitgenommen. Jan, gibt es Hinweise dafür?"

Jan: "Nein. Sein Koffer liegt immer noch auf dem Schrank und auch sonst ist mir nichts aufgefallen."

Sara: "Dann muss etwas passiert sein. Torben wollte sicher zum Schatz und dabei ist ihm ein Unglück passiert. Wir müssen jetzt schnell handeln. Melanie und Anne, ihr geht zur Direktorin und meldet, dass Torben vermisst wird. Erwähnt aber bitte nichts von dem Schatz und von dem Bild. Jan, wir beide durchsuchen euer Zimmer. Vielleicht finden wir irgendeinen Hinweis von Torben der uns zum Schatz führt. (*Pause*) Ich bete darum, dass wir Torben finden und es ihm gut geht. So, jetzt los, wir dürfen keine Zeit verlieren. Wir treffen uns in einer halben Stunde wieder hier."

Alle gehen hinaus.

Vorhang zu.

Szene 12

Vorhang auf.

Anne und Melanie stehen im Raum.

Anne:	"Hoffentlich finden die beiden etwas. Ich mache mir ernsthafte Sorgen."
Melanie:	"Wir werden Torben bestimmt irgendwo gesund und putzmunter finden."
Anne:	"Glaubst du das wirklich?"
Melanie:	"Ich hoffe es."
Anne:	"Bekanntlich stirbt die Hoffnung zuletzt."

Jan und Sara kommen.

Anne:	"Habt ihr etwas gefunden?"
Jan:	"Ja, aber wir haben lange suchen müssen und außerdem mussten wir es erst noch restaurieren."
Sara:	"Torben hat offenbar die oberste Farbschicht von dem Bild entfernt und darunter kam kaum erkennbar ein Plan zum Vorschein."
Jan:	"Ja, Torben hat dilettantisch gearbeitet und dadurch fast alles verdorben."
Sara:	"Deshalb hat er von dem Bild vermutlich ein Foto gemacht und mit dem Computer

	den Kontrast erhöht. Das ruinierte Bild hat er dann im Zimmer versteckt."
Anne:	"Habt ihr es denn jetzt?"
Jan:	"Nicht mehr. Damit wir den Plan erkennen konnten habe ich eine Chemikalie darüber gesprüht und mit dem Handy schnell ein Foto gemacht. Das Bild oder besser, was davon übrig ist, liegt jetzt im Waschbecken."

Jan zeigt Anne das Foto auf dem Handy.

Jan:	"Der Plan ist jetzt ganz deutlich zu erkennen."
Sara:	"Es ist der Grundriss des Internats und in der Mitte ist dieser Aufenthaltsraum."
Jan:	"Die eine Wand ist mit einem Pfeil gekennzeichnet und dahinter befindet sich ein Raum mit dem Hinweis 'Versteck'. *(Pause)* Es muss die Wand sein *(zeigt auf den Schrank)* und der Pfeil zeigt dort hin, ungefähr dort, wo der Schrank steht."
Melanie:	"Dort gibt es aber weder eine Tür, noch einen Raum."
Jan:	"Das Versteck muss aber genau hinter dem Schrank liegen."
Anne:	"Los, rücken wir den Schrank zur Seite."

Die vier versuchen vergeblich den Schrank zur Seite zu rücken.

Anne:	"Fehlanzeige. Der rührt sich kein Bisschen."
Melanie:	"Dann müssen wir eben eine Axt suchen."
Sara:	"Nein, dass ist der falsche Weg. Wenn dahinter ein Versteck liegt, dann muss es auch einen versteckten Eingang dazu geben. Und ich glaube kaum, dass man den öffnet oder schließt indem man den Schrank mit einer Axt zerlegt. Und Torben hat das ganz offensichtlich auch nicht gemacht."
Anne:	"Vielleicht führt der Weg zum Versteck **durch** den Schrank."
Melanie:	"Genau, durch den Schrank."

Anne öffnet die Schranktür und schaut hinein.

Alice:	„Nichts besonderes."

Sara schaut auch in den Schrank.

Sara:	„Eigenartig, die eine Hälfte des Schrankes ist gerammelt voll und die andere leer. Als ob jemand diese Hälfte freigeräumt hätte."
Jan:	„Vielleicht befindet sich dort eine Tür."

Anne untersucht den Schrank genau.

Anne: „Immer noch nichts. Nur eine massive Rückwand. Keine versteckte Tür."

Melanie: „Vielleicht gibt es einen versteckten Mechanismus. Schau doch, ob du irgendwo einen Hebel entdeckst."

Anne: „Du hast wohl zu viele Romane gelesen. Nein, hier ist nichts."

Jan schaut sich auch den Schrank an.

Jan: „Die Rückwand ist eigenartig. Die ist gar nicht richtig eingepasst."

Jan schiebt die Rückwand langsam zur Seite.

Jan: „Die Rückwand lässt sich zur Seite schieben und dahinter kommt ein Gang zum Vorschein."

Anne: „Siehe da."

Jan: „Aber die Rückwand gleitet von alleine wieder zurück. Anne, halte sie fest, damit sie offen bleibt. Ich gehe und schaue nach."

Jan geht durch den Schrank.

Jan: (*dumpf*) „Ein Stück weiter befindet sich eine Stahltür. Oh, ich höre dahinter leises Rufen. (*Pause*) Ich habe Torben gefunden! Wir kommen."

Jan und Torben kommen aus dem Schrank. Anne umarmt Torben stürmisch.

Anne: „Ich habe mir solche Sorgen um dich gemacht."

Jan: „Schön, dass du noch gesund und munter bist."

Sara: „Torben, was ist denn passiert?"

Torben: „Ich wollte den Schatz finden. Wahrscheinlich wisst ihr bereits einiges darüber, andernfalls hättet ihr mich nicht aufspüren können."

Melanie: „Ja, wir wissen von der Karte und dem Bild."

Torben: „Genau. Ich bin dann durch die Geheimtür im Schrank und die Tür ist hinter mir zu geglitten. Ich bin dann weiter und nach ein paar Metern zu der Stahltür gekommen. Dann habe ich die geöffnet und bin dadurch in einen Raum voll mit Büchern gekommen. Die Stahltür ist hinter mir zugeschlagen und dann habe ich festgestellt, dass das Schloss defekt ist und sich die Tür von innen nicht mehr öffnen lässt. Das war's. (*Pause*) Ich habe dann geklopft und geschrien, aber es scheint niemand gehört zu haben. Ich habe große Angst bekommen."

Anne: „Aber jetzt bist du zurück und vermutlich hast du großen Hunger."

Torben: „Ja, und vor allem Durst."

Anne: „Komm, gehen wir etwas essen und trinken."

Sara: „Eine Frage habe ich aber noch: Hast du den Schatz gefunden?"

Torben: Nein. Dort gibt es nur alte, halb vergammelte Bücher. Nichts anderes. Ich hatte genug Zeit um mich gründlich umzusehen. Mehr Zeit, als mir lieb war."

Anne: „Nun lass uns aber gehen."

Anne und Torben gehen hinaus.

Sara: „Melanie, kannst du die Direktorin benachrichtigen dass Torben wieder da ist?"

Melanie: „Aber natürlich."

Melanie geht hinaus.

Jan: „Ich würde mir gerne einmal die Bücher anschauen."

Sara: „Das selbe wollte ich auch gerade vorschlagen. Komm, dann lass es uns machen. Aber einer muss die Stahltür aufhalten. Ich mache das für dich"

Jan: „Wenn du es willst, dann kannst du mich so leicht loswerden."

Sara: „Das will ich aber ganz bestimmt nicht."

Jan: „Dann los."

Beide gehen durch den Schrank. Es vergeht einige Zeit bis beide wieder heraus kommen. Jan hat ein altes Buch in der Hand.

Jan: „Ich möchte mir das Buch hier im Licht noch einmal genau anschauen."

Jan blättert bedächtig in dem Buch.

Jan: „Torben hat Recht, die Bücher sind alt, sehr alt sogar. Vielleicht hat er auch damit Recht, dass manche davon, wie er sagt, ‚halb vergammelt' sind. Was er aber vielleicht nicht weiß, ist, dass zumindest einige davon sehr wertvoll sind. Dieses hier zum Beispiel stammt aus dem frühen Mittelalter und ist handgemalt. Es wird viele zehntausend Euro wert sein und alle Bücher zusammen mehrere Millionen."

Sara: „Also doch ein Schatz?"

Jan: „Ja, ein Schatz. Ich vermute, dass jemand zu Ende des letzten Weltkrieges

	versucht hat diese einmaligen Bücher zu retten und sie deshalb versteckt hat."
Sara:	„Und bis heute waren sie verschollen."
Jan:	„Genau. Und jetzt sind sie wieder da. Man wird herausfinden müssen, woher diese Bücher stammen und wem sie gehören. Danach wird man sie zurück geben."
Sara:	„Also aus mit dem Traum vom Reichtum?"
Jan:	„Ich fürchte ja."
Sara:	„Schade, dann war's das gewesen."

Vorhang zu.

Szene 13

Vorhang auf.

Viele Schüler sind im Aufenthaltsraum. Anne, Torben, Melanie, Jan und Sara stehen nahe dem vorderen Rand der Bühne. Die Direktorin kommt herein.

Direktorin: „Ruhe, Ruhe bitte! *(Pause)* Schön, dass gerade so viele von euch hier sind. Ich habe gute Nachrichten. Wie ihr sicher schon alle wisst, wurde in unserem Haus ein Schatz in Form von alten Büchern gefunden. Und gerade habe ich eine Nachricht vom Kultusministerium erhalten, dass unser Internat dafür 2 Millionen Euro als Finderlohn erhält. Damit können wir endlich seit langem notwendige Reparaturen durchführen."

Enttäuschtes Gemurmel.

Direktorin: „Etwas von dem Geld werden wir natürlich auch dazu verwenden, ein großes Sommerfest durchzuführen."

Freudengebrüll.

Direktorin: „Das war's. Ich wünsche euch noch einen schönen Tag."

Die Direktorin geht hinaus, auch einige Schüler verlassen langsam die Bühne.

Torben:	„Wer hat denn den Schatz gefunden? Und wer bekommt die Belohnung?"
Anne:	„Ach, vergiss es einfach. Für uns bist du der Held."
Torben:	(*schaut Anne an*) „Das ist mir auch viel wichtiger."
Jan:	„Mit dem Geld ist das Internat gerettet. Auch das ist wichtig."
Melanie:	„Ende gut, alles gut."
Sara:	„Nein, es ist nicht alles gut. Alle Rätsel haben wir gelöst und alles haben wir irgendwie **wiedergefunden**, nur meine Videokamera bleibt **verschwunden**."
Melanie:	„Das reimt sich irgendwie."
Sara:	„Deine Sprüche helfen mir auch nicht."
Jan:	„Auch dafür werden wir noch eine Lösung finden. Kommt, gehen wir; ich gebe eine Runde Eis aus."

Die Putzfrau kommt in den Raum.

Putzfrau:	„Gut, dass ich so viele von euch treffe. Vermisst vielleicht jemand eine Videokamera?"

Sara: „Ja, ich."

Die Putzfrau geht zu Sara und zeigt ihr eine Videokamera.

Putzfrau: „Ist es die?"

Sara: „Ja!"

Putzfrau: „Es tut mir leid. Ich habe sie vor einigen Tagen dort drüben gefunden und mitgenommen. Ich wollte die Fundsache ins Büro bringen, habe das aber irgendwie total vergessen. Eben habe ich sie in meinem Putzwagen wieder entdeckt. Ich hoffe, dass du dir in der Zwischenzeit nicht allzu große Sorgen gemacht hast."

Sara: „Das ist schon in Ordnung. Hauptsache ist, dass ich meine Kamera wieder zurück habe. Und vielen Dank!"

Putzfrau: „Du solltest aber auch besser auf deine Sachen aufpassen und nicht einfach liegen lassen."

Sara: „Das war zwar etwas anders, aber das ist eine lange Geschichte."

Putzfrau: „Und dafür habe ich im Moment keine Zeit; ich muss fertig werden."

Die Putzfrau geht.

Jan: „Also doch: Ende gut, alles gut."

Melanie: „Wo die Kamera wieder da ist, lass uns gleich ein kleines Video drehen. Sara, leihst du uns die Kamera?"

Sara gibt Melanie die Kamera.

Melanie: (*zu einer Schülerin*) „Julia, komm hilf uns!"

Julia kommt und Melanie gibt ihr die Kamera. Währenddessen bauen die anderen eine Leinwand und einen Beamer auf und schließen die Kamera am Beamer an. Ab dem Zeitpunkt nimmt Julia die Schauspieler entsprechend auf und das Bild wird auf die Leinwand projiziert.

Anne: „We proudly present: Sara Holmes!"

Alle klatschen. Als erstes wird Sara aufgenommen. Danach werden ähnlich die anderen Schauspieler (Anne und Torben zusammen) vorgestellt.

Am Ende schwenkt die Kamera auf ein Bild „The End".

Ende.

Vom selben Autor sind im gleichen Verlag zwei Romane erschienen:

Tot in Bergedorf
Krimi um Computer und Betrug

Der Informatik Dozent Andrej arbeitet nebenher noch für Polizei und Geheimdienst. Als er in Bergedorf getötet wird, versuchen seine Freundin und ein zufällig beteiligter Student die Tat aufzuklären. Dabei stoßen sie auf weitere Verbrechen. Doch lässt sich das Puzzle um Andrej vollständig zusammenfügen?

Das Inselgen
Umweltkrimi

1992 - Auf der nordfriesischen Insel Föhr gibt es plötzlich unerklärliche Wahnsinnsanfälle. Professor Brunner, dessen Frau auch betroffen ist, wird in die Untersuchungen einbezogen. Das Profitstreben der Industrie sowie die Vogelstrauß Politik der Landesregierung scheinen zu einer globalen biologischen Katastrophe zu führen.